1日1分!
TOEIC® L&R テスト
炎の千本ノック!
202
202

中村澄子

*L&R means Listening and Reading.
TOEIC is a registered trademark of ETS.
This publication is not endorsed or approved by ETS.

祥伝社

は じ め に

　祥伝社から毎年刊行している『千本ノック！』シリーズは、2018年刊行の『炎の千本ノック！』からサイズを変えました。それまでは文庫サイズでしたが、新書の大きさに近い小Ｂ６というサイズになりました。

　このシリーズは 2005 年からほぼ毎年出していて、今年で 20 年目になります。累計では 100 万部をゆうに超えています。この本の歴史については私のYouTube で語っています。　（動画はこちらから→）

　本書ではパート５の問題を扱っています。特徴は、私が TOEICテストを 20 年以上受け続けてきた経験から、テストの出題傾向を如実に反映しているという点です。毎回、出版から過去１〜２年以内に出題された問題を取り扱ってきました。ですので、本書が最新のテストを反映した１冊になります。また、今回は今までより 10問多い計 160 問を掲載しています。

　パート５の半分が語彙・イディオム関連の問題です。他にも、出題の多い前置詞の問題があります。同じ前置詞を問う問題であっても、最近のテストではさまざまな用法や意味での出題があるため、問題集での学習には限界があり、日頃から英文を読んでいるかどうかが正誤を大きく左右します。本書で取り上げている前置詞 withを問う問題が、その顕著な例です。with だけで４題扱っており、それらは全て実際に出題された問題なのですが、それぞれ使われ方が異なります。

つまり、前置詞の問題であっても語彙問題に近くなっているということです。したがって、英文の中でそれぞれの前置詞が持つ微妙なニュアンスの違いを理解しなければならないのです。ここでもまた英文を読む力が求められます。

　さらに、最近顕著なのは文法問題で、過去に出題されたものと同じポイントを扱っていたとしても、使用英文の文構造が難化しているという点です。そのため、空欄前後をチェックするだけで解ける問題が減り、全文、あるいはある程度の長い文を読まなければいけない問題が年々増えています。

　TOEIC テストはパート 6 とパート 7 で計 70 問あり、リーディングセクションの大半は読解力が求められる内容です。したがって、パート 6 とパート 7 に多くの時間を要するので、パート 5 は 10 分で解かなければ最後までたどりつけません。ですが、上述したようにパート 5 でも全文読まなければならない問題が増えているため、今まで時間の短縮をはかれた唯一のパートであったパート 5 での時短が厳しくなっています。

　ではどう対策すればいいのか。まずは英文を読む力をつけることです。それから、過去に出題された問題のポイントを理解し、再出題された時に一瞬で解ける力をつけること。また、語彙問題といえども過去に出た問題の再出題が多いので、本書を含む『千本ノック！』シリーズを使って、過去にどのような語彙が出題されてきたかを知ることです。本シリーズでは約 20 年間、語彙やイディオム関連の問題も全て、その時々に実際に出題された問題を扱い続けて

きました。ですので、必ず参考になるはずです。

　語彙問題では、ビジネス関連の英文で多用される語彙の出題も増えています。ですので、TOEIC向けに学んだ内容はのちに仕事でも役に立つはずです。

　企業のグローバル化の進展に加え、コロナ禍でグローバルに複数人でのテレコンを行える環境が急速に発展しました。それも影響したのか、企業が社員に求めるTOEICスコアは年々上がっていて、今では800点以上必須という会社も珍しくありません。誰もが英語力が求められる時代になったと言えます。

　企業が社員に求める安全圏とされる点数が800点、転職活動に必要な点数も800点が多いです。私の教室参加者の話だと、部署や職種によっては860点や900点を求められているようです。早めに必要な点数を出してTOEICテストは卒業し、そこで培った英語力を仕事で生かしてほしいと願っています。

　本書が皆様のお役に立てることを願っています。

2024年4月
中村澄子

この本の使い方

できたら○、できなかったら×をつけましょう。繰り返し学習に便利です。

第7問

できたら…○
できなかったら…×

次の選択肢の中から正しいものを選びなさい。

Once your travel itinerary has been confirmed, changes can still be made for a small (　　).

- (A) fare
- (B) fee
- (C) involve
- (D) cash

TOEIC テストを毎回受験している著者が、最新の出題傾向を踏まえて作成しました。さまざまな難易度の問題が次々と出てくる、TOEIC テストの「千本ノック」です。最後までついてきてください。

単語の意味

itinerary [aɪtínərèri]	旅程、旅行プラン
confirm [kənfə́:rm]	～を固める、確かめる、確認する

おさえておきたい重要単語に、発音記号と和訳がついています。

めくると

★…………… 絶対に正解したい基本的な問題です。
★★………… かなりやさしい問題です。
★★★……… 標準的な難しさの問題です。
★★★★…… かなり難しい問題です。
★★★★★ …… 超難問です。

答え (B) fee

難易度… ★★★

解説

語彙問題です。

語彙問題は英文を読み、全体の意味を考えなければなり
ん。

「いったん旅程が確定しても、少額の〜で変更が可能だ
いう英文で、「〜」部分に何を入れればいいのかを考えます

(B)の fee「手数料」であれば「少額の手数料で」となり、
文意が通ります。

間違えやすいポイ
ントや TOEIC のト
リックについて、
詳しく説明してい
ます。文法知識の
整理に最適です。

fee は半ば日本語として使われている単語です。「料金」を表
す単語は色々ありますが、会計士や弁護士など専門職に対する
料金も fee になります。

(A)fare はバスやタクシーなどの「運賃」なので、ここでは
使えません。また、(C)invoice「請求書、送り状」、(D)cash
「現金」では文意が通りません。

訳

いったん旅程が確定しても、少額の手数料で変更が可能です。

標準的な日本語訳を示しています。

TOEIC テストの
筋トレ7

fee は「手数料」という意味の名詞です。会計士や弁
護士など専門職に対する料金を表す場合にも fee を使
います。

その問題から学べるスコアアップのための知識を短
くまとめています。ここだけ読んでも力がつきます。

Contents

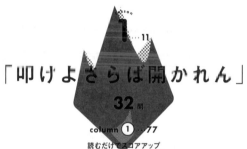

読むだけでスコアアップ
私はこうして高得点をゲットしました
「ダメな勉強法」を徹底回避

読むだけでスコアアップ
私はこうして高得点をゲットしました
私が信じた「言った通りに勉強すれば点数は出る」

編集協力　岩崎清華／柳田恵子／マーク・トフルマイア　ブックデザイン　井上篤（100mm design）

録音協力　英語教育協議会（ELEC）　山口良太／甲角強　Jack Merluzzi

※本書の発音記号は、主に『ジーニアス英和辞典』（大修館書店）を参考にしています。

全問題文が
スマホ・パソコンから
無料で聴けます

スマホの場合

① お持ちのスマートフォンにアプリをダウンロードしてください。
ダウンロードは無料です。

QRコード読み取りアプリを起動し、
右のQRコードを読み取ってください。
QRコードが読み取れない方はブラウザから、
https://www.abceed.com/にアクセスしてください。

② 「中村澄子」で検索してください。

③ 中村澄子先生の著作リストが出てきます。
その中に本書もありますので、音声をダウンロードしてください。
有料のコンテンツもあります。

パソコンの場合

① 下記サイトにアクセスしてください。
https://www.abceed.com/

② 表示されたページの下にある
「利用を開始する」をクリックしてください。

③ 指示にしたがってアカウントを作成してください。

④ 「中村澄子」で検索してください。

⑤ 中村澄子先生の著作リストが出てきます。
その中に本書もありますので、音声をダウンロードしてください。
有料のコンテンツもあります。

〈ご注意〉
・音声ファイルの無料ダウンロードサービスは、予告なく中止される場合がございますので、
ご了承ください。
・本サービスへのお問い合わせは abceed にお願いします。サイト内に「お問い合わせフォー
ム」がございます。

TOEIC®
LISTENING
AND
READING TEST

Lesson

1

「叩けよさらば
開かれん」

32問

大きな第一歩を踏み出したあなた。
ようこそ、『十本ノック！』シリーズへ！
良質の160問が、
あなたを鍛え上げます。
力み過ぎず、始めていきましょう。

できたら…○
できなかったら…×

次の選択肢の中から正しいものを選びなさい。

( ) wishing to attend the career development workshop should contact Alisha Suzuki no later than 5 P.M. this Friday.

     (A) Whoever

     (B) They

     (C) Who

     (D) Anyone

単 語 の 意 味

wish to ～ ······························ ～したいと願う
attend [əténd] ························· ～に参加する、出席する
contact [ká:ntækt] ················· ～に連絡する
no later than ～ ····················· ～までに、～よりも遅れることなく

解 説

代名詞の問題です。

選択肢には代名詞、関係代名詞などのさまざまな単語が並んでいます。

英文の主語は、(　) wishing to attend the career development workshop で、動詞は should contact だと分かります。

現在分詞 wishing 以降は、空欄に入る語を修飾しています。空欄に入る語は、現在分詞が修飾することのできる名詞か代名詞です。

選択肢の中でこれに該当するのは、人称代名詞である(B)の They「彼らは、それらは」と不定代名詞である(D)の Anyone「誰も、誰でも」だけです。

英文の意味を考えると、(D) Anyone であれば「キャリア開発ワークショップに参加したいと願っている人は誰もが」となり文意が通ります。人称代名詞の they は、後ろに分詞を続けて使うことはできません。

(A)の Whoever は複合関係代名詞で「〜する人は誰でも」という意味で、anyone who で言い換えることができます。したがって、Whoever の後ろには現在分詞ではなく動詞が続くはずです。(C)Who については、関係代名詞 who の場合には前に先行詞である名詞があるはずです。また、疑問文になっていないため、疑問詞としての who はここでは使えません。

訳

キャリア開発ワークショップへの参加を希望する人は誰もが、今週の金曜日の午後5時までに鈴木アリーシャさんに連絡をする必要があります。

TOEIC テストの筋トレ 1

anyone は人を表す代名詞で、肯定文では「誰でも」という意味になります。

第2問

次の選択肢の中から正しいものを選びなさい。

All purchases (　　) in the month of February will receive double points during the Winter Winners campaign.

    (A)　making

    (B)　made

    (C)　make

    (D)　to make

単 語 の 意 味

purchase [pə́:rtʃəs] ················ 購入、購入品
double [dʌ́bl] ························· 2 倍の
during [də́:rɪŋ] ····················· 〜の期間に、〜の間に

解説

分詞の問題です。

この英文の主語は All purchases で、動詞が will receive で ( ) in the month of February 部分は修飾語です。空欄に分詞を入れて後ろから All purchases を修飾しているのではと推測できます。

分詞には現在分詞（〜ing）と過去分詞（〜ed）があります。両方とも形容詞的に用いられることが多いです。

分詞は形容詞の働きをするので名詞を修飾します。 現在分詞は「〜している、〜する」という能動的な意味になり、過去分詞は「〜された、〜される」という受動的な意味になる場合が多いです。

空欄前後を直訳すると、「2月中に『なされた』全ての購入品」とすれば文意が通ります。「なされた」いう受動的な意味は過去分詞で表しますので(B)の **made** が正解です。

分詞の使い方としては、修飾する「名詞の前に来る」用法と、「名詞の後ろに来る」用法があります。この英文では名詞の後ろに置いて前の名詞を修飾しています。この英文のように修飾する語（in the month of February）が続く場合には、修飾する名詞の後ろに分詞を置きます。

訳

ウインターウィナーズキャンペーン期間中、2月中になされた買い物は全て2倍のポイントが付きます。

TOEIC テストの筋トレ2　　　分詞は形容詞の働きをし、名詞を修飾します。「〜された、〜される」と受動的な意味になる場合には過去分詞を使います。

第 3 問

次の選択肢の中から正しいものを選びなさい。

Olsen Vitamins, Co. Ltd., provides guidance on all its packaging (　　) outlines daily recommended amounts.

- (A) besides
- (B) whose
- (C) with
- (D) that

単 語 の 意 味

provide [prəváid]……………………～を提供する、与える
packaging [pǽkɪdʒɪŋ]……………箱、包装
outline [áʊtlàɪn]……………………～を概説する、～の要点を述べる
recommended [rèkəméndɪd]…「～を勧める」の過去分詞
amount [əmáʊnt]……………………量

解説

関係代名詞の問題です。

英文の意味を考えると、主語が Olsen Vitamins, Co. Ltd. で、動詞が provides で、目的語が guidance だと判断できます。on all its packaging は〈前置詞＋名詞句〉となっていて修飾語なので、この部分をカッコでくくると英文の構造が分かりやすくなります。

〈主語＋動詞＋目的語〉で文章が成立しているので、(　) outlines daily recommended amounts 部分は修飾語だと考えられます。したがって、修飾語を作る関係代名詞が空欄に入るのではと推測できます。関係代名詞は(B)の whose と(D)の that です。

関係代名詞の問題だとすれば、空欄に入る関係代名詞の先行詞は、空欄の少し前の guidance です。its packaging ではありません。

(　) outlines daily recommended amounts 部分は、空欄直後に outlines と動詞が続いているので、空欄には主語の役割をする主格の関係代名詞が入るはずです。

先行詞は「物」であり「人」ではありません。guidance と「物」が先行詞の場合の主格の関係代名詞は which か that です。選択肢に関係代名詞の which はなく that があるので、(D)の that が正解です。選択肢に which があれば which も正解になります。主格の関係代名詞を問う問題では、which、that ともに出題されます。

訳

オルセンビタミン株式会社は、全ての箱に毎日の推奨量を概説するガイダンスを記載しています。

TOEIC テストの筋トレ 3　先行詞が「物」で、その先行詞が続く節で主語の働きをする場合には主格の関係代名詞である which か that を使います

第**4**問

できたら…○
できなかったら…×

次の選択肢の中から正しいものを選びなさい。

Davidson Fabrics, Inc., has 10 factories (　　　), eight of which are located throughout the Asia Pacific region.

(A) world

(B) worldly

(C) worlds

(D) worldwide

単 語 の 意 味

be located····························· (～に) 位置する、ある
throughout [θruáut]················ ～の至る所に、～の間中
region [rí:dʒən]························ 地域、地方

解説

副詞の問題です。

選択肢に似た形の単語が並んでいるので、品詞問題かもしれないと考えます。品詞問題の場合、空欄前後が重要になります。

Davidson Fabrics, Inc., has 10 factories (　) 部分は〈主語＋他動詞＋目的語＋(　　　)〉となっています。**他動詞を修飾する副詞を入れる場合の基本の位置は目的語の後ろなので、空欄には副詞が入ると分かります。**

選択肢の中で副詞は(D)の worldwide です。worldwide であれば「世界中に」という意味なので、意味も通ります。したがって、正解は(D)の worldwide です。

この問題はひっかけ問題です。副詞には語尾に -ly が付くものが多いので(B)の worldly を選んでしまうのです。worldly は「世間の、世俗的な」という意味の形容詞です。nationwide「全国的に」や worldwide はビジネス関連の英文でもよく使われるので、仕事で英語を使っている人は正解できる問題です。

訳

デビッドソン・ファブリックスは世界中に 10 の工場を持ち、そのうち 8 つはアジア太平洋地域にあります。

**TOEIC テストの
筋トレ 4**

他動詞の後ろには目的語が続きます。その他動詞を修飾する副詞を置く場所は基本的には目的語の後ろです。

第5問

次の選択肢の中から正しいものを選びなさい。

Our immediate aim is (　　) a line of digital cameras that will rival the ones currently being used in smartphones.

- (A)　development
- (B)　developed
- (C)　develops
- (D)　to develop

単 語 の 意 味

immediate [ɪmíːdiət] ················· 当面の、即座の
aim [éɪm] ································· 目標、目的
a line of ～ ··························· （商品や製品の）系列の～、シリーズの～
rival [ráɪvl] ···························· ～に匹敵する、対抗する
currently [kə́ːrəntli] ················ 現在、現在は

解説

to 不定詞の問題です。

この英文の主語は Our immediate aim で、動詞が be 動詞の is です。したがって、( ) a line of digital cameras 部分は補語だと分かります。

関係代名詞が導く that will rival the ones currently being used in smartphones 部分は修飾語、つまりおまけです。

補語になるのは名詞か形容詞です。 この英文では、空欄以降が Our immediate aim の状況や状態を表すとは考えられないので、名詞の働きをする名詞句が入ると分かります。なので、空欄にどの選択肢を入れれば ( ) a line of digital cameras 部分が名詞句になるのかを考えます。

to 不定詞（to ＋動詞の原形）であれば、「〜すること」という意味になるので名詞句を作り、is の補語となります。したがって、(D)の to develop「〜を開発すること」が正解です。

不定詞の用法としては、この問題のように名詞的に使われる名詞的用法以外に、形容詞的用法「〜すべき、〜するための」、副詞的用法「〜するために」がありますが、3 つの用法全てが出題されます。

訳

当社の当面の目標は、現在スマートフォンで使用されているものに匹敵するデジタルカメラのシリーズを開発することです。

TOEIC テストの筋トレ 5

不定詞の用法には、名詞的用法、形容詞的用法、副詞的用法があり、3 つの用法全てが出題されます。

次の選択肢の中から正しいものを選びなさい。

The board of directors selected Delta Consulting to (　) an audit of Foster Financials' next fiscal year.

(A)　research

(B)　acquire

(C)　screen

(D)　conduct

単 語 の 意 味

the board of directors‥‥‥‥ 取締役会
audit [ɔ́:dət]‥‥‥‥‥‥‥‥‥‥‥ 監査
fiscal year‥‥‥‥‥‥‥‥‥‥‥‥ 会計年度

解 説

適切な意味の動詞を選ぶ問題です。

適切な意味の動詞を選ぶ問題は語彙問題と同じで、英文を読んで全体の意味を考えなければなりません。しかし、この問題の場合は空欄後の (　) an audit 部分を見るだけで正解できます。

(D)の **conduct** を入れると、**conduct an audit** で「監査をする」という意味になります。空欄後に置かれた audit という単語を知らない場合は、正解できないでしょう。

conduct はビジネスで頻繁に使われる動詞で、10 年以上前に出題されていた際には conduct a survey や conduct a training などの表現が使われていました。それに比べると、conduct an audit という表現の方が少し難しいですが、audit も TOEIC 必須単語です。過去に出題された動詞が再度出題される場合でも、前後に置かれる単語がより高度になっています。

最近、他にも interviews are (conducted)「面接が行われる」という表現で conducted を選ぶ問題も出題されています。conduct research、conduct a survey、conduct a workshop のように conduct を使った表現はパート 7 でも頻繁に登場します。

(A)research「〜を研究する、調査する」、(B)acquire「〜を得る、入手する」、(C)screen「〜を選別する、審査する」では文意が通りません。

訳

取締役会は、フォスター・ファイナンシャルの翌会計年度の監査を実施するため、デルタ・コンサルティングを選びました。

TOEIC テストの筋トレ 6

conduct には「〜を行う」という意味があります。conduct an audit で「監査をする」という意味になります。

第7問

次の選択肢の中から正しいものを選びなさい。

Once your travel itinerary has been confirmed, changes can still be made for a small (　).

(A) fare

(B) fee

(C) invoice

(D) cash

単 語 の 意 味

itinerary [aɪtínərèri]⋯⋯⋯⋯⋯⋯旅程、旅行プラン
confirm [kənfə́ːrm]⋯⋯⋯⋯⋯⋯⋯〜を固める、確かめる、確認する

解 説

語彙問題です。

語彙問題は英文を読み、全体の意味を考えなければなりません。

「いったん旅程が確定しても、少額の〜で変更が可能だ」という英文で、「〜」部分に何を入れればいいのかを考えます。

(B)の fee **「手数料」**であれば「少額の手数料で」となり、文意が通ります。

fee は半ば日本語として使われている単語です。「料金」を表す単語は色々ありますが、会計士や弁護士など専門職に対する料金も fee になります。

(A)fare はバスやタクシーなどの「運賃」なので、ここでは使えません。また、(C)invoice「請求書、送り状」、(D)cash「現金」では文意が通りません。

訳

いったん旅程が確定しても、少額の手数料で変更が可能です。

TOEIC テストの筋トレ 7

fee は「手数料」という意味の名詞です。会計士や弁護士など専門職に対する料金を表す場合にも fee を使います。

第8問

次の選択肢の中から正しいものを選びなさい。

( ) the number of employees who want to work from home these days, many companies are finding ways to make the office more appealing.

(A) Whereas

(B) Even though

(C) Until

(D) Given

単 語 の 意 味

the number of ～･･･････････････････ ～の数
employee [ɪmplɔ́ɪi:]･･･････････････････ 従業員
these days･･･････････････････････････ 最近、この頃
appealing [əpí:lɪŋ]･････････････････ 魅力のある、人の心を動かすような

解 説

前置詞の問題です。

空欄以降コンマまで名詞句になっています。したがって、空欄には名詞句の前に置ける前置詞が入ると分かります。前置詞は(C)Until と (D)Given です。

空欄後からコンマまでで「最近の在宅勤務を希望する従業員の数」と言っていて、空欄後で「多くの企業がオフィスをより魅力的にする方法を模索している」と言っています。これらをつないで意味が通る前置詞は何かを考えます。

until は「〜まで」、given は「〜を考えると、〜を前提として」という意味の前置詞です。(C)の Until は不適切ですが、(D)の Given であれば文意が通ります。

前置詞 considering にも似たような意味があり、この英文でも given を considering に置き換えて使うことができます。

given は given that の that が省略された形で、接続詞的にも使われます。given that は少しフォーマルな英文で頻繁に使われ、ビジネス関連の英文でもよく見かけます。接続詞的に使われる場合には、後ろに節が続きます。

訳

最近の在宅勤務を希望する従業員の数を考えて、多くの企業がオフィスをより魅力的にする方法を模索しています。

**TOEIC テストの
筋トレ8**

given は「〜を考えると、〜を前提として」という意味の前置詞です。

第9問

次の選択肢の中から正しいものを選びなさい。

Every CleanFlow air filter is thoroughly inspected before leaving the factory to ensure that it is in proper working (　　).

(A)　order

(B)　acceptance

(C)　range

(D)　program

単 語 の 意 味

thoroughly [θə́:rouli]…………… 徹底的に、十分に

inspect [ɪnspékt]………………… 〜を検査する

ensure [ɪnʃúər]…………………… 〜を確実にする、保証する

proper [prɑ́:pər]………………… 適切な、正確な

working [wə́:rkɪŋ]……………… 作業の

解説

語彙問題です。

語彙問題は英文を読み、全体の意味を考えなければなりません。

「全ての CleanFlow エアフィルターは、適切な〜であることを確実にするために工場から出荷する前に徹底的に検査される」という英文で「〜」に当たる部分が working (　) です。

少し難しい問題ですが、実際に出題されています。**order には「(正常な) 状態、状況」という意味があります**。working は「作業の」という意味なので、working order で「正常な作業状態」となります。したがって、(A)の order が正解です。

be in proper working order 部分を直訳すると「適切な運転の状態にある」となります。be in good working order や be in proper working order のような表現で使われることが多いです。

「注文」や「順序」という意味の order は知っていても、この意味での使い方は知らない人が大半だと思います。ビジネス系の表現での出題が増えているので、そのような問題では仕事で英語を使っている人が有利になります。

訳

全ての CleanFlow エアフィルターは、正常に動作することを確実にするために工場から出荷する前に徹底的に検査されます。

TOEIC テストの筋トレ 9　order には「(正常な) 状態、状況」という意味があり、be in good working order や be in proper working order のような表現で使われます。

第10問

次の選択肢の中から正しいものを選びなさい。

Despite a thorough search of the premises for a lost wallet, security staff could not find it (　　).

- (A)　anywhere
- (B)　thereafter
- (C)　somehow
- (D)　thereby

単 語 の 意 味

despite [dɪspáɪt]······················～にもかかわらず
thorough [θə́ːrou]·····················徹底的な、十分な
premises [prémɪsɪz]·················（複数形で）建物、土地
wallet [wɑ́ːlət]··························財布
security staff··························警備員

解 説

適切な意味の副詞を選ぶ問題です。

選択肢にはさまざまな副詞が並んでいるので、適切な意味の副詞を選ぶ問題だと分かります。英文の意味を考えて文意に合う副詞を選ばなければならないので、語彙問題に似ています。

「紛失した財布を探しての徹底的な建物の捜索にもかかわらず、警備員はそれを〜見つけることができなかった」という英文で、「〜」部分に入れて文意が通る副詞は何かを考えます。

anywhere「どこにも（〜ない）、どこへも」であれば文意が通ります。したがって、(A)の anywhere が正解です。

anywhere は否定文で「どこにも［どこへも］（〜ない）」、疑問文で「どこかへ、どこかで」、肯定文で「どこにでも、どこへでも」という意味になります。この問題文は否定文ですので「どこにも［どこへも］（〜ない）」という意味になります。

(B)thereafter「その後は」は、特定の時間や出来事の後を意味し、この文脈では使えません。(C)は somehow「どういうわけか」、(D)は thereby「その結果として」という意味の副詞ですが文意が通りません。

訳

紛失した財布を敷地内で徹底的に捜索したにもかかわらず、警備員はそれをどこにも見つけることができませんでした。

**TOEIC テストの
筋トレ 10**

anywhere は「（否定文で）どこにも［どこへも］（〜ない）」という意味の副詞です。

第**11**問

次の選択肢の中から正しいものを選びなさい。

Ms. Walker's speech to the team focused on topics (　　) the successes and failures of the project.

(A) along

(B) pending

(C) concerning

(D) amid

単 語 の 意 味

focus on 〜······························〜に焦点を合わせる、〜に集中する
failure [féɪljər]·························失敗、不成功

解 説

前置詞の問題です。

選択肢には前置詞の用法がある単語が並んでいます。

空欄の後ろに置かれているのは the successes and failures of the project と名詞句です。

Ms. Walker's speech to the team focused on topics という節 (S＋V) と the successes and failures of the project という名詞句をつなげることができるのは前置詞だけです。選択肢は全て前置詞の用法があるので、どれであれば英文の意味が通るかを考えます。

(C) の concerning 「～について、～に関して」であれば「プロジェクトの成功と失敗に関するトピックに焦点を当てた」となり、文意が通ります。

また、前置詞の regarding は concerning と同じ意味で、用法も同じです。regarding も出題されますので、一緒に覚えましょう。

訳

ウォーカーさんのチームへのスピーチは、プロジェクトの成功と失敗に関するトピックに焦点を当てたものでした。

TOEIC テストの筋トレ 11　　concerning は「～について、～に関して」という意味の前置詞です。

第12問

次の選択肢の中から正しいものを選びなさい。

Taking regular breaks is one way to reduce the tensions that lie (　　) the surface when working in a stressful project.

- (A) without
- (B) underneath
- (C) adjacent
- (D) toward

単 語 の 意 味

take breaks······················休憩を取る
regular [régjələr]······················定期的な、規則正しい
reduce [rɪd(j)úːs]······················〜を軽減する、削減する
tension [ténʃən]······················緊張
lie [láɪ]······················横たわる
surface [sə́ːrfəs]······················表面

解説

前置詞の問題です。

選択肢には(C)の adjacent 以外は前置詞が並んでいるので、どの前置詞を入れれば英文の意味が通るか考えます。

「定期的に休憩を取ることは、ストレスの多いプロジェクトで作業するときに表面～にある緊張を軽減する一つの方法だ」という意味の英文で、「～」部分にどの前置詞を入れれば英文の意味が通るかを考えます

ここでは「表面下や内部にあるストレス」とすればいいと分かります。
(B)の underneath は「～の下に、～の内部に」という意味なので、緊張が「表面下」にある、となり文意が通ります。正解は(B)の underneath です。

(A)without「～なしで」、(C)adjacent「隣接して」、(D)toward「～に向かって」では文意が通りません。

前置詞の underneath を選ばせる問題は過去にも出題されていますが、最近はこの問題のように空欄前後が難しい表現になっていて、英文を読む力がなければ空欄に入れる単語の意味だけを知っていても正解できないタイプの問題が増えています。

訳

定期的に休憩を取ることは、ストレスの多いプロジェクトで作業するときに表面下にある緊張を軽減する一つの方法です。

TOEIC テストの
筋トレ 12

underneath は「～の下に、～の内部に」という意味の前置詞です。

第13問

次の選択肢の中から正しいものを選びなさい。

Staff in the research and development department have been working weekends in order to meet the (   ) submission deadline.

- (A) approached
- (B) approaching
- (C) approach
- (D) approachable

単 語 の 意 味

in order to ～ ....～するために
submission [səbmíʃən] .... 提出
deadline [dédlàin] .... 期限、締め切り

解説

形容詞の問題です。

選択肢に似た形の単語が並んでいるので、品詞問題かもしれないと考えます。品詞問題の場合、空欄前後が重要になります。

他動詞 meet の目的語が the (　) submission deadline です。**目的語は名詞か名詞句なので、the (　) submission deadline 部分が名詞句になるには、空欄には複合名詞 submission deadline を修飾する形容詞を入れればいいと分かります。**

選択肢の中で形容詞は(B)の approaching「接近している」と(D)の approachable「接近しやすい」ですが、どちらが正解かは英文の意味を考えます。文意が通るのは(B)approaching です。

approaching は元々形容詞の働きをする現在分詞なのですが、形容詞化されています。語彙問題としても出題されていますので、意味も覚えましょう。

訳

研究開発部門のスタッフは、近づいている提出期限に間に合わせるために週末に働いています。

TOEIC テストの筋トレ 13　冠詞と名詞の間には、名詞を修飾する形容詞が入ります。

第14問

次の選択肢の中から正しいものを選びなさい。

If you see any person in this area who is not wearing an employee badge, you must (　　) security immediately.

       (A)　notify

       (B)　be notified

       (C)　notifying

       (D)　to notify

単 語 の 意 味

security [sɪkjúərəti] ················· 警備、セキュリティー
immediately [ɪmí:diətli] ············ すぐに、即座に

解 説

動詞の形を問う問題です。

選択肢の形が似通っていてかつ動詞が複数あるので、動詞の形を問う問題ではないかと考えます。空欄を含む主節の主語は you で、その後ろに助動詞の must が続いています。

助動詞の後ろに動詞を置く場合、動詞の原形を使います。したがって、(A)の notify か(B)の be notified が正解だと分かります。

(A)の notify は能動態ですが、(B)の be notified は受動態です。

どちらが正解かは、主語と動詞の意味的な関係を考えます。主語である「あなた」は警備に「知らせる」と能動的な関係だと分かります。したがって、能動態である(A)の **notify** が正解です。

動詞の形を問う問題では、複数のポイントが組み合わさって出題される場合も多く、そのような問題では消去法が有効です。また、動詞の形を問う問題では、まずは主語をおさえましょう。

訳

このエリアで従業員バッジを着用していない人を見かけた場合は、すぐに警備に通知する必要があります。

TOEIC テストの筋トレ 14

助動詞の後ろには動詞の原形が続きます。能動態なのか受動態なのかは、主語と動詞の意味的な関係を考えましょう。

第15問

次の選択肢の中から正しいものを選びなさい。

Due to the inclement weather this spring, the start of the highway expansion project has been postponed (　　).

- (A) repeat
- (B) repeatedly
- (C) repeatable
- (D) repeating

単 語 の 意 味

due to 〜 ……………………… 〜が原因で、〜のせいで
inclement weather …………… 悪天候
expansion [ıkspǽnʃən] ………… 拡大、拡張
postpone [poʊstpóʊn] ………… 〜を延期する

解説

副詞の問題です。

選択肢に似た形の単語が並んでいるので、品詞問題かもしれないと考えます。品詞問題の場合、空欄前後が重要になります。

空欄直前は has been postponed と、動詞部分が現在完了形でかつ受動態になっています。**動詞を修飾するのは副詞なので、副詞である(B) repeatedly「繰り返して、たびたび」を選べば正しい英文になります。**

副詞は動詞、形容詞、他の副詞、副詞句、節、文全体を修飾します。

簡単な問題ですが、動詞部分が現在完了形になっていたり、受動態や進行形になっていたり、この問題のように現在完了形でかつ受動態になっていたりすると間違える人がいます。形はどのようなものであれ、動詞を修飾するのは副詞です。

訳

この春は悪天候のため、高速道路拡張プロジェクトの開始は繰り返し延期されました。

TOEIC テストの筋トレ 15

動詞を修飾するのは副詞です。動詞部分が現在完了形でかつ受動態になっていても同じです。repeatedly は「繰り返して、たびたび」という意味の副詞です。

第16問

次の選択肢の中から正しいものを選びなさい。

The new company policy is designed to allow workers to decide their own work schedule (　　) they can choose their work schedule flexibly.

- (A) until
- (B) so
- (C) whenever
- (D) before

単 語 の 意 味

company policy······················会社方針
allow A to ～······························A が～するのを可能にする
flexibly [fléksəbli]······················柔軟に

解 説

so that の問題です。

空欄の前も空欄後も節［S（主語）＋V（動詞）］なので、空欄には接続詞の働きをするものが入ると分かります。(C)の whenever は複合関係副詞なので間違いです。

残る(A)、(B)、(D)の中でどれであれば文意が通るかを考えます。

空欄より前で「新しい会社方針は、労働者が自分の勤務スケジュールを決定できるように設計されている」と、空欄以降で「勤務スケジュールを柔軟に選択できる」と言っています。

(B)の so は so that の that が省略された形です。「〜するように」と目的を表す表現で、接続詞の働きをし、節と節を結びます。空欄の少し後ろに置かれた can も大きなヒントになります。この英文のように so that の後ろには can を置くことが多く、その場合には「〜できるように」という意味になります。

so that は文中で使うことが多いのですが、文頭に置いて使われることもあります。

so that という表現を問う形で出題される場合も多いのですが、この問題のように that が省略された形で出題されることもあります。

訳

新しい会社方針は、勤務スケジュールを柔軟に選択できるように労働者が自分で自身の勤務スケジュールを決定できるようになっています。

**TOEIC テストの
筋トレ 16**

so that は「〜するように」と目的を表す表現で、接続詞の働きをし、節と節を結びます。

次の選択肢の中から正しいものを選びなさい。

Next month's workshop will teach necessary skills for ( ) new hires and interns.

(A) supervisory

(B) supervisor

(C) supervising

(D) supervised

単 語 の 意 味

necessary [nésəsèri]……………必要な、必須の
skill [skíl]………………………スキル、手腕、技術
new hire………………………新入社員

難易度…★★★

解説

動名詞の問題です。

空欄前は前置詞の for です。前置詞の後ろは、名詞か名詞句が続きます。

また、空欄後に new hires and interns と目的語が続いているので、空欄には動詞の働きをするものを入れなければなりません。

動詞の働きをし、名詞句を作るのは動名詞なので、正解は(C)の supervising「〜を指導すること、監督すること」です。動詞の supervise には「〜を指導する、監督する」という意味があります。

動名詞は、動詞を〜ing 形にすることで名詞的な役割を持たせたもので、「〜すること」という意味になります。

訳

来月のワークショップでは、新入社員やインターンを指導するために必要なスキルをお伝えします。

TOEIC テストの筋トレ 17

前置詞の後ろに動詞の働きをする語を置きたい場合には、動名詞を使います。

第18問

次の選択肢の中から正しいものを選びなさい。

If Diane Fess can (　　) one more deal before the end of this month, she will receive a generous bonus and become salesperson of the year.

(A)　impose

(B)　infer

(C)　unite

(D)　close

単 語 の 意 味

deal [díːl] ……………………………取引、商談
generous [dʒénərəs] ……………たくさんの、気前のよい、寛大な
salesperson [séɪlzpə̀ːrsn] ………販売員

解説

適切な意味の動詞を選ぶ問題です。

適切な意味の動詞を選ぶ問題は語彙問題と同じで、英文を読んで、全体の意味を考えなければなりません。

「ダイアン・フェスが今月末までにあと１件の取引〜できれば、多額のボーナスを受け取り、年間最優秀販売員となる」という意味の英文の「〜」部分にどの動詞を入れれば文意が通るかを考えます。

close a deal で**「取引［商談］を成立させる」**という意味になるので、(D) の close を入れれば「あと１件取引を成立させることができれば」となり、文意が通ります。

close a deal はビジネス必須表現の一つで、日本企業でも「クローズする」とカタカナ英語で頻繁に使われています。

パート２でも close a deal や、似た意味の close a sale という表現が過去に設問文で使われています。

訳

ダイアン・フェスが今月末までにあと１件成約できれば、多額のボーナスを受け取り、年間最優秀販売員となります。

TOEIC テストの筋トレ18

close a deal で「取引［商談］を成立させる」という意味になります。

第19問

次の選択肢の中から正しいものを選びなさい。

The contents of the enclosed documents are intended (　　) for Daniel Finn, head of the accounting department.

- (A) formally
- (B) shortly
- (C) solely
- (D) subsequently

単 語 の 意 味

content [kά:ntent] ···················· 内容、中身
enclosed [ɪnklóuzd] ················ 同封された
be intend for ～ ···················· ～向けである
accounting department ······ 経理部

解説

適切な意味の副詞を選ぶ問題です。

選択肢にはさまざまな副詞が並んでいるので、適切な意味の副詞を選ぶ問題だと分かります。英文の意味を考えて文意に合う副詞を選ばなければならないので、語彙問題に似ています。

「同封の書類の内容は、経理部長ダニエル・フィン〜を対象としたものだ」という英文で、「〜」部分に入れて文意が通る副詞は何かを考えます。

(C)solely「もっぱら、ただ一人で」であれば「経理部長ダニエル・フィンのみを対象としたものだ」となり、意味がつながります。

solely はよく使われる副詞で、過去にも出題されています。この問題の場合、空欄前後に置かれた are intended for「〜に向けて意図されている」も大きなヒントになります。

(A)formally「正式に、公式に」、(B)shortly「間もなく、すぐに」、(D)subsequently「その後、続いて」では文意が通りません。

訳

同封の書類の内容は、経理部長ダニエル・フィンのみを対象としたものです。

**TOEIC テストの
筋トレ 19**

solely「もっぱら、ただ一人で」という意味の副詞です。

第20問

次の選択肢の中から正しいものを選びなさい。

As of next year, a new hiring process (　　) at all of our retail locations throughout the country.

- (A)　begins
- (B)　is begun
- (C)　to begin
- (D)　will begin

単 語 の 意 味

as of ～····················· (～を基点として) ～以降は、～現在で
hiring process····················· 採用プロセス
retail location····················· 小売店
throughout [θruáut]··············· ～の至る所に、～の隅から隅まで

解 説

時制の問題です。

選択肢にはさまざまな時制の動詞が並んでいるので、時制を問う問題ではないかと分かります。

文頭に As of ～「～以降は、～現在で」という表現があります。ここでは「～以降は」という意味で使われています。

したがって、主節の時制は未来時制になります。未来時制は (D) の will begin だけです。

この問題とは逆で、未来時制であるということをヒントに、as of という表現を空欄に入れさせる問題も出題されます。

TOEIC テストでは「～以降は」という意味での出題が大半ですが、ビジネスでは会計関連のレポートで「～現在で」という意味で頻繁に使われます。

訳

来年からは、全国の全ての小売店で新しい採用プロセスが開始されます。

**TOEIC テストの
筋トレ 20**

文中に as of「～以降は」という表現がある場合、時制は未来時制になります。

第21問

次の選択肢の中から正しいものを選びなさい。

The manager decided to replace the broken printers because it cost (　　) less than the price of repairing the devices.

- (A) any
- (B) much
- (C) so
- (D) more

単 語 の 意 味

replace [rɪpléɪs]……………………〜を取り替える、交換する
cost [kɔ́ːst]……………………………(お金・費用など) がかかる
repair [rɪpéər]………………………〜を修理する
device [dɪváɪs]………………………機器、装置

難易度… ★ ★ ★

解説

比較の強調の問題です。

空欄直後を見ると less than ～ と比較級になっています。また、選択肢に比較級を強調する場合に使う much があるので、比較の強調の問題ではないかと推測できます。

much を入れて、英文の意味が通るかどうかを確認すると、「マネージャーは、機器の修理価格よりもはるかに安価であるため、壊れたプリンターを買い替えることにした」となり文意が通るので、（B）の much「はるかに」が正解だと分かります。

比較級を強調する場合には、much の他に far や even を使います。
much、far、even 全てが TOEIC テストに出題されているので、どれが出ても正解できるようにしましょう。

空欄部分の場所が変わり、much/far/even （　）than の形で出題され、空欄に比較級を入れる問題も出題されます。出題のされ方は変わっても、解く際のポイントは同じです。

訳

マネージャーは、機器の修理価格よりもはるかに安価であるため、壊れたプリンターを買い替えることにしました。

TOEIC テストの筋トレ 21　　比較を強調する場合には much、far、even などを比較級の前に置きます。

第22問

次の選択肢の中から正しいものを選びなさい。

A one-hour tour of the entire production facility will be held (　) following the orientation session.

- (A) immediately
- (B) significantly
- (C) enthusiastically
- (D) remarkably

単語の意味

entire [ɪntáɪər]····························全体の、全部の
production facility···············生産施設
following [fáːloʊɪŋ]··················〜の後に、〜に続いて

解説

適切な意味の副詞を選ぶ問題です。

選択肢にはさまざまな副詞が並んでいるので、適切な意味の副詞を選ぶ問題だと分かります。英文の意味を考えて文意に合う副詞を選ばなければならないので、語彙問題に似ています。

「オリエンテーションセッションの〜、全体の生産施設を見学する1時間のツアーが開催される」という英文で、この「〜」部分にあたるのが（　）following です。

immediately following 〜で「〜の直後に」という意味になります。したがって、(A)の immediately「ただちに」が正解です。

immediately がなくても文の意味は成立しますが、following の前に immediately を置いて immediately following とすることで、ツアーがオリエンテーションセッションの直後に始まるという時間的なつながりが明確になります。immediately を使用しない場合、ツアーがオリエンテーションセッションの後にいつ始まるのか、その間にどれくらいの時間があるのかなどの時間的な詳細が不明確になります。

immediately following という表現と同じ意味で immediately after があり、この表現でも出題されたことがあります。

訳

オリエンテーションセッションの直後に、全体の生産施設を見学する1時間のツアーが開催されます。

TOEIC テストの筋トレ 22　immediately following 〜で「〜の直後に」という意味になります。

第**23**問

次の選択肢の中から正しいものを選びなさい。

By the end of the next fiscal year, GT Industries
(　　) into Asia with stores in both Beijing and
Seoul.

    (A)　has expanded

    (B)　will have expanded

    (C)　expanded

    (D)　expand

単 語 の 意 味

fiscal year‥‥‥‥‥‥‥‥‥‥‥‥‥ 会計年度

答え (B) will have expanded

難易度… ★ ★ ★

解説

未来完了形の問題です。

選択肢の動詞は expand「拡大する、広がる」で、この英文の主語は GT Industries です。
主語と動詞の意味的な関係を考えると「GT インダストリー社は拡大する」と能動態になるはずです。選択肢は全て能動態です。

次に時制について考えます。英文中から時制のヒントになる表現がないか探すと、文頭に By the end of the next fiscal year「翌会計年度末までに」と未来の一点を表す表現が見つかります。

未来のある時点における動作の完了や継続を表す場合には、未来完了形を使います。
未来完了形は〈will + have + 過去分詞〉なので、(B) の will have expanded が正解です。この英文では「翌会計年度末までには、GT インダストリー社はアジアに拡大し」と未来の一時点での完了を表しています。

未来完了形が出題される場合、未来の一点を表す by 〜や by the time of 〜が使われることが多いので、これらの表現は解答を導く際の大きなヒントになります。

訳

翌会計年度末までには、GT インダストリー社はアジアに拡大し、北京とソウルの両都市に店舗を持つ予定です。

TOEIC テストの筋トレ 23

未来のある時点における動作の完了や継続を表す場合には未来完了形を使います。

第**24**問

次の選択肢の中から正しいものを選びなさい。

( ) of the questionnaire respondents gave scores higher than seven or lower than three.

    (A) Those

    (B) Nothing

    (C) None

    (D) Little

単 語 の 意 味

questionnaire [kwèstʃənéər] … アンケート
respondent [rɪspɑ́:ndənt] ……… 回答者、応答者

解説

代名詞の問題です。

選択肢には代名詞と名詞が並んでいます。文法的には全て入るので、どれが正解かは英文の意味を考えなければなりません。

「アンケート回答者の〜7点以上3点未満のスコアを与えた」という英文で、空欄に入れて意味が通るのは代名詞の None しかありません。

〈none of the＋複数名詞〉の形で「**誰ひとり〜ない、何ひとつ〜ない**」という意味になります。(C)の None が正解です。

(A)代名詞の Those は「それら」という意味で、先に言及された人々について述べる場合に使われます。この英文では先に言及されている人々はいません。
(B)代名詞の Nothing は「何も〜ない」、(D)名詞の Little は「少ししかないもの」という意味なので文意に合いません。

否定の代名詞には、人を表すものや物を表すものがあり、さらにどちらも表すことができるが用法に違いがあるものなど、多様です。それぞれの意味と用法を区別して覚えましょう。

訳

アンケート回答者の誰ひとりも7点以上3点未満のスコアを付けませんでした。

代名詞 none は人と物どちらも表し「誰ひとり〜ない、何ひとつ〜ない」という意味になります。

第25問

次の選択肢の中から正しいものを選びなさい。

Although a profit (　) of 2% had been forecasted for the next fiscal year, it is likely to be significantly higher.

(A)　growing

(B)　grown

(C)　growth

(D)　grow

単 語 の 意 味

although [ɔ:lðóʊ]····················～にもかかわらず、であるけれども

forecast [fɔ́:rkæst]····················～を予測する、予想する

fiscal year····················会計年度

be likely to ～····················～しそうである

significantly [sɪɡnífɪkəntli]·······著しく、大幅に

解説

複合名詞の問題です。

選択肢に似た形の単語が並んでいるので、品詞問題かもしれないと考えます。品詞問題の場合、空欄前後が重要になります。

この英文の主語は a profit (　) of 2% で、動詞が had been forecasted です。

主語は名詞か名詞句になるはずです。空欄後が〈前置詞＋名詞〉となっているため、この部分は修飾語だと分かります。修飾語部分をカッコでくくると、残った a profit (　) 部分が名詞句になるはずで、空欄には名詞しか入りません。

選択肢の中で名詞は(C)の growth「伸び、増加」だけです。profit growth で「収益の伸び」という意味になり、会計関連のレポートなどで頻繁に使われます。

profit も growth もともに名詞ですが、〈名詞＋名詞〉で一つの名詞になっています。
複数の単語が組み合わさって一つの名詞の働きをするものを「複合名詞」と言います。

訳

翌会計年度は 2% の増益を見込んでいたのですが、それを大幅に上回る可能性が高いです。

TOEIC テストの筋トレ 25

複数の単語が組み合わさって一つの名詞の働きをするものを「複合名詞」と言います。profit growth は「収益の伸び」という意味の複合名詞です。

第26問

次の選択肢の中から正しいものを選びなさい。

All information discussed at today's client meeting must remain (   ) until it is released at next week's press conference.

(A) confidence

(B) confidentially

(C) confidentiality

(D) confidential

単語の意味

discuss [dɪskʌ́s]‥‥‥‥‥‥‥‥‥～を議論する、～について話し合う
remain [rɪméɪn]‥‥‥‥‥‥‥‥‥（状態が）依然として～のままである
release [rɪlíːs]‥‥‥‥‥‥‥‥‥‥～を発表する、公表する
press conference‥‥‥‥‥‥記者会見

解説

形容詞の問題です。

選択肢に似た形の単語が並んでいるので、品詞問題かもしれないと考えます。品詞問題の場合、空欄前後が重要になります。

この英文の主語は All information で、discussed at today's client meeting 部分は修飾語です。また、動詞は must remain でその後ろが空欄になっています。

remain は不完全自動詞で第二文型 [S（主語）+V（動詞）+C（補語）] を作ります。
C（補語）には名詞か形容詞が入り、補語は主語（この英文の場合は All information）について説明します。
All information を説明するのは、形容詞の(D) confidential 「守秘の、機密の」です。

形容詞を入れるべきか名詞を入れるべきか分からなければ、be 動詞でつなぎ、all information is confidential なのか、all information is confidence なのかで判断するといいでしょう。

C（補語）には形容詞が入ることが多く、名詞が入るのは be や become を含む一部の動詞だけです。

訳

今日のクライアントミーティングで議論された全ての情報は、来週の記者会見で発表されるまで機密のままでなければなりません。

TOEIC テストの筋トレ 26

remain は不完全自動詞で第二文型 [S（主語）+V（動詞）+C（補語）] を作ります。
補語には名詞か形容詞が入りますが、形容詞が入ることの方が多いです。

第27問

次の選択肢の中から正しいものを選びなさい。

One of the biggest (   ) of the construction project was finding local staff who had adequate experience operating heavy machinery.

(A) challenge

(B) challenged

(C) challenging

(D) challenges

単語の意味

adequate [ǽdɪkwət] ················十分な
have experience ～ing ········～した経験がある
operate [ɑ́:pərèɪt] ····················～を操作する
heavy machinery ···················重機

解説

名詞の問題です。

〈one of the＋複数名詞〉で「〜の一つ」という意味になります。よく使われる表現で、TOEICテストでも何度も出題されています。

空欄前に置かれた One of the 部分をチェックするだけで、正解は(D)の **challenges** だと分かります。(A)の challenge も名詞ですが、複数形ではないので不正解です。

「難題、課題」という意味での challenge は語彙問題としても出題されています。また、ビジネスでも頻繁に使われる単語です。

TOEICテストは時間がない中で解かなければならないので、他の選択肢をチェックしないで単数名詞である(A)challengeを間違って選ぶ人が一定数いるはずです。ひっかからないように気をつけましょう。

訳

建設プロジェクトの最大の課題の一つは、重機の操作に十分な経験を持つ現地スタッフを見つけることでした。

TOEICテストの筋トレ 27

one of the 〜で「〜の一つ」という意味になります。「〜」部分に入るのは複数名詞です。

次の選択肢の中から正しいものを選びなさい。

The companies mainframe computers are (　　) housed on the second floor of the technical development center.

(A) permanently

(B) seemingly

(C) voluntarily

(D) potentially

単 語 の 意 味

house [háuz]················～を格納する、収納する、保管する

解説

適切な意味の副詞を選ぶ問題です。

選択肢にはさまざまな副詞が並んでいるので、適切な意味の副詞を選ぶ問題だと分かります。英文の意味を考えて文意に合う副詞を選ばなければならないので、語彙問題に似ています。

「企業の汎用コンピューターは、技術開発センターの２階に〜格納されている」という英文で、「〜」部分に入れて文意が通る副詞は何かを考えます。

空欄に入れる単語を選ぶには、空欄前後に置かれた are housed という意味を理解できなければなりません。house が動詞として使われる場合、「〜を格納する、収納する、保管する」という意味になります。

選択肢の中で考えられるのは(A)**permanently「恒久的に、永遠に」**しかありません。
permanently を選ばせる問題は過去に何度も出題されていますが、この問題のように空欄前後に置かれるヒント語が難しくなっています。実際のテストでもこの形で出題されています。

(B)seemingly「見たところでは」、(C)voluntarily「自発的に」、(D)potentially「潜在的に」では文意が通りません。

訳

企業の汎用コンピューターは、技術開発センターの２階に常設されています。

**TOEIC テストの
筋トレ 28**

permanently「恒久的に、永遠に」という意味の副詞です。house を「家」という意味でしか知らない人にとっては少し難しい問題です。

第29問

次の選択肢の中から正しいものを選びなさい。

Because the negotiations were not progressing smoothly, the merger and acquisitions team (　　) a new strategy.

(A)　devised

(B)　administered

(C)　directed

(D)　qualified

単 語 の 意 味

negotiation [nəgòuʃiéiʃən] ········· 交渉、話し合い
progress [prəgrés] ····················· 進む、前進する
smoothly [smúːðli] ····················· 円滑に、順調に
merger [mɔ́ːrdʒər] ······················ 合併
acquisition [æ̀kwəzíʃən] ··········· 買収
strategy [strǽtədʒi] ···················· 戦略

解説

適切な意味の動詞を選ぶ問題です。

適切な意味の動詞を選ぶ問題は語彙問題と同じで、英文を読んで、全体の意味を考えなければなりません。

「交渉が円滑に進まなかったため、M＆Aチームは新たな戦略を〜」という英文の「〜」部分にどの動詞を入れれば文意が通るかを考えます。

英文からすると空欄部分には「〜を思いつく、考えつく」のような単語が入るのではと推測できます。(A)devised**「〜を考案した、考え出した」**であれば文意が通ります。

最近出題された少し難しい単語です。「機器、装置」という意味の名詞 device は、他にも「考案品」という意味があります。語尾の -ce を -se に変えれば動詞になります。「考案品」という意味で device を知っていれば動詞に「〜を考案する、考え出す」という意味があると推測できますが、知らない人が多いはずです。このような少し難し目の問題では空欄後に続いている a new strategy の前に置けそうな動詞は何かと考え、使えなさそうなものを消去するしかありません。

(B)administered「〜を管理した」、(C)directed「〜を指揮した」、(D)qualified「〜に資格を与えた」では文意が通りません。

訳

交渉が円滑に進まなかったため、M＆Aチームは新たな戦略を考案しました。

TOEIC テストの筋トレ 29　devise は「〜を考案する、考え出す」という意味の動詞です。

次の選択肢の中から正しいものを選びなさい。

Customers who complete an online order before May 31 are eligible for free delivery if they live ( ) the city limits.

(A) toward

(B) against

(C) within

(D) beyond

単 語 の 意 味

customer [kʌ́stəmər]⋯⋯⋯⋯⋯顧客、取引先
be eligible for 〜⋯⋯⋯⋯⋯⋯〜に対して資格がある、〜にふさわしい
delivery [dɪlívəri]⋯⋯⋯⋯⋯⋯配送、配達

解説

前置詞の問題です。

選択肢には前置詞が並んでいるので、前置詞の問題だと分かります。
前置詞の問題の場合、空欄前後をチェックするだけで解ける問題もありますが、この問題は少し長めに英文を読まなければならない問題です。

「5月31日より前にオンライン注文を完了したお客様は、市の境界〜にお住まいであれば送料無料の対象となります」と言っています。この「〜」部分に入れて文意が通るのは何かを考えます。

(C) の within であれば、「市の境界内に」という意味になるので、文意が通ります。

前置詞の within には「〜の範囲内で、〜を越えずに」という意味があります。
within を問う問題で頻繁に出題されるのは、もう少し簡単な within two days「2日以内に」のように「〜以内に [で]」という意味を問う問題ですが、このタイプの問題も数度出題されています。どのような形で出題されても、正解できるようにしましょう。

訳

5月31日より前にオンライン注文を完了したお客様は、市内にお住まいであれば送料無料の対象となります。

TOEIC テストの筋トレ 30

前置詞の within には「〜以内に [で]」以外に、「〜の範囲内で、〜を越えずに」という意味があります。

第31問

次の選択肢の中から正しいものを選びなさい。

(　　) securely cancel your Top Fitness membership, please visit our Web site and log in on the Member's Station page.

    (A) So that

    (B) If

    (C) In spite of

    (D) In order to

単 語 の 意 味

securely [sɪkjúərli]·····················安全に
cancel [kǽnsl]·····························〜をキャンセルする、取りやめる
membership [mémbərʃɪp]·······会員資格、会員の地位

解説

イディオムの問題です。

選択肢には接続詞の用法がある表現、群前置詞、イディオムなどさまざまな表現が並んでいます。

空欄後からコンマまでにはS（主語）がないので、接続詞である(B)If や接続詞の用法がある(A)So that は不適切です。

(C)In spite of は群前置詞なので後ろには名詞か名詞句が続きますが、この文の場合、空欄後は、〈副詞＋動詞＋その目的語〉が続いています。ですので、(C)も不正解です。

残った(D)の In order to「～するために」であれば、後ろには動詞 cancel を置くことができます。

動詞を修飾する副詞の securely が動詞 cancel の前に置かれています。また、意味を考えても「トップ・フィットネスのメンバーシップを安全に退会するには」となり、文意が通ります。したがって、(C)の In order to が正解です。

in order to は頻出のイディオムです。

訳

トップ・フィットネスのメンバーシップを安全に退会するには、当社ウェブサイトにアクセスし、メンバーズステーションのページからログインしてください。

**TOEIC テストの
筋トレ 31**

in order to「～するために」の後ろには動詞の原形が続きます。

第32問

次の選択肢の中から正しいものを選びなさい。

The staff training session scheduled for next week will help promote the firm's (　　) with new tax regulations.

(A)　implication

(B)　likelihood

(C)　preference

(D)　compliance

単 語 の 意 味

help (to) 〜 ·································〜するのに役立つ
promote [prəmóut] ··················〜を促進する、進める
regulation [règjəléiʃən] ··········· 規制、規定

解説

語彙問題です。

選択肢にはさまざまな名詞が並んでいます。

help promote the firm's ( ) with new tax regulations 部分に着目します。

空欄直前が the firm's「会社の」で、空欄後の前置詞 with 以降は new tax regulations「新しい税制」です。この「新しい税制」が大きなヒントになります。

これらから「新しい税制への準拠」ではないかと推測できます。したがって、(D) の compliance「(規則や要求に) 従うこと」が正解だと分かります。

compliance with ~で「~に準拠すること」という意味になります。

compliance は、既に半分日本語としてカタカナで使われています。

(A)implication「暗示、含意」、(B)likelihood「ありそうな状態、見込み」、(C)preference「好み、優先」は with tax regulations の前に置いて使うことはできませんし、文意も通りません。

訳

来週予定されているスタッフ・トレーニング・セッションは、会社の新しい税制への準拠を促進するのを助けます。

TOEIC テストの筋トレ 32

compliance は「(規則や要求に) 従うこと」という意味の名詞で、compliance with ~で「~に準拠すること」という意味になり、ビジネスで頻繁に使われます。

読むだけでスコアアップ
私はこうして高得点をゲットしました

「ダメな勉強法」を徹底回避

地方在住公務員　40代男性

2023年4月頃に中村先生のYouTube動画を発見しました。内容は厳しいのですが、私にはとても楽しそうに感じられたため、先生の本(『千本ノック!』シリーズなど)を買って、ゆるく勉強をスタート。10月にはすみれ塾のオンラインコースの受講を始めました。24年1月のテストでは790点(R390、L400)に到達! 受講前は650点程度でしたから、それから考えると、150点近く上がりました。

オンラインコースの受講開始と同時に、起床後、通勤中、昼休み、帰宅後など、平日土日問わず1日数時間の勉強をするようになりました。それまでの数カ月は、気が向いたときに『千本ノック!』シリーズと『パート5語彙問題700点レベル』『同860点レベル』を少しずつ解いていた程度です。なので、真面目に勉強を始めてから3カ月程度で現在の点数に到達しました。

先生のYouTube動画はほぼ全て拝見し、「ダメな勉強パターン」を理解しているつもりだったので、極力、先生の言われることから外れないように努めながら、勉強を進めていました。つまり、リスニングは『TOEIC公式問題集』だけです(Part3がメインで、その後Part2、4)。

リーディングは『千本ノック!』シリーズ3冊、教室配布のプリント、公式問題集を使っていました。加えて私は仕事

で全く英語を使わず、ビジネス単語に弱かったため、先生の単語本（『英単語徹底攻略』と前述の『語彙問題700点』『860点』）もやりました。

先生のYouTube動画を見ていると、TOEIC高得点を突破した皆さんはものすごいスピードで点数を上げておられます。一方で私は、あまりにもリスニングが苦手すぎて、そもそも自分が800点近くの点数を取れることにすら疑問を感じていました。仮に取れたとしても半年以上は時間がかかるだろうなあという感覚だったので、予想より遥かに短期間で点数が上がったことに驚いています。

私の場合、高得点に向けた勉強において一番大変なのは圧倒的にリスニングです。これまで英語に接する機会が多くなく、リスニングに超がつくほどの苦手意識があったため、リスニングの練習を始めた当初は、睡魔との闘いでした（特に帰宅時の電車内では、立ったまま何度も寝落ちしました…）。
ちなみに、今でもリスニングの点数がイマイチなのは、先生が「ダメな勉強法」として紹介していた「イヤホンを使ったリスニング練習」をしている時間が多くなってしまっているせいかと思います。860点を取るためにも、家族に迷惑がられない範囲でスピーカーを使ったリスニング練習をすすめていきたいと思っています。

アドバイスできるほどの高い点数ではありませんが、私くらいの点数であれば、先生が言われる教材で十分です。私も引き続き点数を上げるべく、先生の指示どおりの教材、勉強法で頑張りたいと思います。せめてAランク（860点）は取りたいです！

「使っている
鍬<small>くゎ</small>は光る」

32問

コツコツと、たえず努力を続けるあなた。
読解力はグングン上昇中！
伸びしろは無限大！
テンポ良く、始めていきましょう。

第33問

次の選択肢の中から正しいものを選びなさい。

Although most consumers ignore the owner's manual, taking a few minutes to understand the setup of this software can make installation (　) simple.

(A) evenly

(B) fairly

(C) kindly

(D) openly

単 語 の 意 味

consumer [kəns(j)úːmər] ········· 消費者
ignore [ɪɡnɔ́ːr] ···························· ～を無視する
setup [sétʌp] ···························· セットアップ、設定
installation [ìnstəléɪʃən] ········· インストール、設置

解 説

適切な意味の副詞を選ぶ問題です。

選択肢にはさまざまな副詞が並んでいるので、適切な意味の副詞を選ぶ問題だと分かります。英文の意味を考えて文意に合う副詞を選ばなければならないので、語彙問題に似ています。

日頃から英文を読んで語感が鍛えられていれば、空欄後の simple を見ただけで、これの前に置いて使えるのは（B）の **fairly「かなり、相当に」**しかないと推測できます。

そうでない人は全体の意味を考えます。「ほとんどの消費者は取扱説明書を無視しますが、このソフトウェアのセットアップを理解するために数分かけることで、インストールは〜簡単になる」という英文で『〜』部分に入れて文意が通る副詞は何かを考えれば、（B）の **fairly** が正解だと分かります。fairly は「かなり、相当に」という意味の副詞です。

（A）evenly「均等に」、（C）kindly「親切に」、（D）openly「率直に」では文意が通りません。

訳

ほとんどの消費者は取扱説明書を無視しますが、このソフトウェアのセットアップを理解するために数分かけることで、インストールはかなり簡単になります。

fairly は「かなり、相当に」という意味の副詞です。

できたら…○
できなかったら…×

次の選択肢の中から正しいものを選びなさい。

The survey clearly showed that consumers prefer naturally made cosmetics (　　) those made with chemicals.

(A) of

(B) over

(C) among

(D) with

単 語 の 意 味

survey [sə́:rveɪ] ····················· 調査
clearly [klíərli] ····················· 明確に、はっきりと
consumer [kəns(j)úːmər] ········ 消費者
prefer [prɪfə́:r] ······················ ～を好む、むしろ～の方を好む
naturally [nǽtʃərəli] ··············· 自然に、天然に
cosmetics [kɑːzmétɪk] ············· (通例複数形で) 化粧品
chemical [kémɪkl] ·················· 化学物質、化学薬品

解説

前置詞の問題です。

選択肢は全て前置詞なので、前置詞の問題ではないかと考えます。

空欄の少し前に prefer という動詞があります。prefer A to B や prefer A rather than B「B より A を好む」という表現は大半の方が知っていると思います。この to や rather than の代わりに使える前置詞はどれなのかを考えます。

(B) の over には「〜より」という意味があり、優先を表すことができます。したがって(B)の over が正解です。**prefer A over B で「B より A を好む」という意味になります。**

over にはさまざまな意味があり、最近の TOEIC テストでは頻出の「〜の期間にわたって」以外にも、いろいろな意味の over を選ぶ問題が登場します。
このような問題では普段から英文を読んでいて、それぞれの前置詞が持つニュアンスを知っている、さまざまな使い方を知っている人が有利になります。

訳

この調査は、消費者が化学物質で作られた化粧品よりも天然原料で作られた化粧品を好むということを明確に示しています。

TOEIC テストの筋トレ 34

prefer A over B で「B より A を好む」という意味になります。

第35問

次の選択肢の中から正しいものを選びなさい。

Among (　　) on the budget review committee is a former executive from a major international bank.

- (A) them
- (B) this
- (C) those
- (D) they

単 語 の 意 味

among [əmʌ́ŋ]····················· (3 人以上の) 〜の間に
budget review committee·· 予算審議委員会
former [fɔ́ːrmər]····················· 前の、先の
executive [ɪgzékjətɪv]·············· 経営幹部、役員

解説

代名詞の問題です。

　この問題文の英文を分かりやすく書き換えると、A former executive from a major international bank is among (　) on the budget review committee. となります。この英文の空欄直後には who are が省略されており、省略しないで書くと … is among (　) who are on the budget review committee. です。

　したがって、空欄には「予算審議委員会のメンバー」を指す語が入るのではと分かります。
　(C)の those は「(一般的な) 人々 [物] (複数名詞)」を指すときに使います。委員会のメンバー (複数形) を指しているので、(C)の those が正解だと分かります。

　(A)の them は目的格の代名詞なので、その前に them を指す複数名詞が必要ですがありません。
　(B)の this は単数名詞を指すときに使います。この英文の場合、複数形のメンバーを指しているので、この選択肢は不適切です。
　(D)の they は主格の代名詞です。ここでは前置詞 Among の後ろなので、目的格の代名詞でなければならないため不適切です。

訳

予算審議委員会のメンバーの中には、大手国際銀行の元幹部がいます。

TOEIC テストの筋トレ 35

those は「(一般的な) 人々 [物]」を指す代名詞です。

第36問

次の選択肢の中から正しいものを選びなさい。

Archer Technologies intends (　) its exposure on various social media platforms and reduce its television advertising.

(A) broad
(B) to broaden
(C) broadening
(D) have broadened

単 語 の 意 味

intend [inténd] ……………………… (〜する) つもりである、〜を意図する
exposure [ɪkspóuʒər] …………… 露出、さらすこと
various [véəriəs] ………………… さまざまな、多様な
reduce [rɪd(j)ú:s] ……………… 〜を減らす、削減する

解説

to 不定詞の問題です。

この英文の主語は Archer Technologies で、動詞が intends です。したがって、(　) its exposure は目的語だと分かります。

ちなみに、on various social media platforms 部分は、〈前置詞＋名詞句〉なので修飾語、つまりおまけです。

目的語になるのは名詞か名詞句なので、空欄にどの選択肢を入れれば (　) its exposure 部分を名詞句にできるのかを考えます。

intend は後ろに動名詞をとらないので、(C) broadening を入れることはできません。to 不定詞（to＋動詞の原形）であれば、「〜すること」という意味になるので名詞句を作り、intends の目的語となります。したがって、(B)の to broaden「〜を広げること」が正解です。

不定詞の用法としては、この問題のように名詞的に使われる名詞的用法以外に、形容詞的用法「〜すべき、〜するための」、副詞的用法「〜するために」がありますが、3つの用法全てが出題されます。

訳

アーチャーテクノロジーズは、さまざまなソーシャルメディアプラットフォームでの露出を拡大し、テレビ広告を減らす予定です。

**TOEIC テストの
筋トレ 36**

不定詞の用法には、名詞的用法、形容詞的用法、副詞的用法があり、3つの用法全てが出題されます。

第37問

次の選択肢の中から正しいものを選びなさい。

Global One Office Supplies consistently sells its inventory much (　　　) the manufacturer's suggested price.

- (A) low
- (B) lowest
- (C) lowered
- (D) lower than

単 語 の 意 味

consistently [kənsístəntli]……いつも、一貫して
inventory [ínvəntɔ̀ːri]……在庫
manufacturer [mæ̀njəfǽktʃərər]……メーカー、製造業者
suggested price……希望小売価格

解説

比較級の問題です。

空欄前は much です。**比較級を強調する場合、比較級の前に much、far、even を置くので**、この much は比較級の強調の much ではないかと考えます。この点を知っているかどうかがカギになります。

much が比較級を強調するのであれば、much 以下を比較級の形にすればいいと分かります。

low「低い」は一音節の単語なので、比較級にするには語尾に -er を付けて lower とします。したがって、(D) の lower than が正解です。

また、比較級を強調する much、far、even 部分が空欄になっていてその部分を問う問題も出題されますので、一緒に覚えましょう。

訳

グローバルワン・オフィスサプライズ社は、いつもメーカーの希望小売価格よりもはるかに安い価格で在庫を販売しています。

**TOEIC テストの
筋トレ 37**

比較級を強調する場合、比較級の前に much、far、even を置き、その後に比較級が続きます。

第38問

次の選択肢の中から正しいものを選びなさい。

The marketing team is planning to present two potential plans, (　　) the first one is rejected by the board of directors.

(A) whether

(B) in case

(C) instead of

(D) regarding

単 語 の 意 味

plan to ～························～する計画を立てる
potential [pəténʃəl]···············潜在的な、可能性がある
reject [rɪdʒékt]·····················～を否決する、却下する
the board of directors········取締役会

解説

接続詞の問題です。

選択肢には接続詞の用法がある表現と前置詞の用法がある表現が並んでいます。

この英文では、文頭からコンマまでも、コンマ以降も節（S + V）になっています。節と節をつなぐのは接続詞なので、正解は(A)の whether か(B)の in case のどちらかになります。

どちらが正解かは英文の意味を考えます。空欄前までで「マーケティングチームは2つのプラン候補を提示する予定だ」と、空欄以降では「〜最初のプランが取締役会によって否決される」と言っています。これらをつないで文意が通るのは(B)の in case です。in case は in case that の接続詞 that が省略された形で「万が一〜の場合に備えて」という意味になります。

(A)の whether は「〜かどうか」という意味の接続詞なので、文意が通りません。

過去には in case of 〜という表現を問う問題も出題されています。in case の後ろには節（S + V）が続き、in case of の後ろには名詞か名詞句が続きます。in case 〜も in case of 〜も共に出題されますので、一緒に覚えましょう。

訳

マーケティングチームは、万が一最初のプランが取締役会で否決された場合に備えて、2つのプラン候補を提示する予定です。

TOEIC テストの筋トレ 38

in case は in case that の接続詞 that が省略された形で「万が一〜の場合に備えて」という意味になります。接続詞の働きをするので後ろに節（S + V）が続きます。

第**39**問

次の選択肢の中から正しいものを選びなさい。

( ) of the conference rooms throughout the facility are scheduled to be renovated over the next few months.

(A) Anyone

(B) Each

(C) Several

(D) Others

単 語 の 意 味

throughout [θruáut]……………〜の至る所に、〜の隅から隅まで

facility [fəsíləti]…………………施設、設備

be scheduled to 〜……………〜する予定になっている

renovate [rénəvèɪt]………………〜を改装する、修繕する

over [óuvər]………………………〜にわたって、〜の間ずっと

解説

代名詞の問題です。

この英文では ( ) of the conference rooms throughout the facility 部分が主語で、are scheduled が動詞だと分かります。したがって、主語である ( ) of the conference rooms throughout the facility 部分は、名詞句になるはずです。

この部分を名詞句にするには、空欄以降 of the conference rooms ...部分が〈前置詞＋名詞句〉の形で修飾語となっていることを踏まえると、空欄には名詞の働きをする語を入れればいいと分かります。

選択肢は全て名詞の働きがある代名詞なので、どれが正解かは英文の意味を考えなければなりません。

「施設全体の会議室の〜は、今後数カ月で改装される予定だ」という英文の「〜」部分に入れて文意が通るのは、(C)の Several「いくつか」だけです。several であれば、「施設全体のいくつかは」となり、文意が通ります。

(A)の Anyone は肯定文では「誰でも」という意味になるのでここでは使えません。(B)の Each「おのおの、それぞれ」は単数扱いとなるので、動詞部分が are ではなく is になります。(D)の Others は「他のもの、他の人」という意味なので文意に合いません。

訳

施設全体の会議室のいくつかは、今後数カ月で改装される予定です。

TOEIC テストの筋トレ 39

代名詞の several は「several of the ＋複数名詞」の形で使われることが多く、「〜のいくつか」という意味になります。several には他にも形容詞の用法があります。

第40問

次の選択肢の中から正しいものを選びなさい。

The continuous increase in sales volumes at AJ's Apparel was ( ) enough to justify the move to a larger store.

(A) significance

(B) signifies

(C) significant

(D) significantly

単語の意味

continuous [kəntínjuəs]············ 継続的な、持続的な
increase in 〜························· 〜の増加
sales volume························· 売上高、販売高
enough to 〜························· 〜するのに十分な
justify [dʒʌstəfài]····················· 〜を正当化する

解説

形容詞の問題です。

選択肢に似た形の単語が並んでいるので、品詞問題かもしれないと考えます。品詞問題の場合、空欄前後が重要になります。

be 動詞の後ろには、名詞か形容詞が続きます。 しかし、名詞である (A) の significance を入れた場合、空欄後に enough to ～「～するのに十分な」を置いて使うことはできません。

enough to ～は形容詞または副詞の後ろに置いて使うことが多いです。 enough to ～の前にくる形容詞や副詞は、その後に続く to 不定詞（ここでは to justify...）が起こるのに十分な量や程度を示します。

空欄前が be 動詞なので、形容詞である (C) の **significant**「重要な、意味のある」が正解です。significant であれば「売上高の継続的な増加は、より大きな店舗への移転を正当化するのに十分重要だった」となり、文意が通ります。

この問題を難しくしているのは、空欄の後ろに enough to ～という表現が続いている点です。この問題のように、最近は出題のポイントを分かりにくくするような語句や表現が空欄前後に置かれていることも多いです。

訳

AJ アパレル社での売上高の継続的な増加は、より大きな店舗への移転を正当化するのに十分重要でした。

TOEIC テストの筋トレ 40　be 動詞の後ろには、名詞か形容詞が続きます。enough to ～「～するのに十分な」は形容詞または副詞の後ろに置いて使うことが多いです。

第41問

できたら…○
できなかったら…×

次の選択肢の中から正しいものを選びなさい。

(　) worker's shifts by 30 minutes has allowed employees to avoid peak rush hour and improved work efficiency.

(A) Shortly

(B) Shortness

(C) Shortening

(D) Short

単 語 の 意 味

allow A to 〜 ……………………A が〜できるようにする
improve [ɪmprúːv] ………………〜を向上させる、改善する
efficiency [əfíʃənsi] ………………効率、効率性

解 説

動名詞の問題です。

この英文の主語は ( ) worker's shifts by 30 minutes ですが、by 30 minutes 部分は、〈前置詞＋名詞句〉なので修飾語です。また、動詞は has allowed です。

主語になるのは名詞か名詞句なので ( ) worker's shifts 部分を名詞句にするには、どの選択肢を入れればいいのか考えます。空欄に動名詞である(C)の Shortening「〜を短縮すること」を入れれば正しい英文になります。

動名詞は、動詞を〜ing 形にして名詞的な役割を持たせたもので、「〜すること」という意味になります。したがって、動名詞は文の主語や補語、目的語になります。ここでは文頭の主語になっています。

他にも consider 〜ing のように、他動詞に続く「目的語としての動名詞」を問う問題も出題されます。

訳

従業員のシフトを 30 分短縮することで、従業員はラッシュアワーのピークを回避し、作業効率を向上させることができました。

TOEIC テストの筋トレ 41　　shortening は動名詞で「〜を短縮すること」という意味になります。

第42問

次の選択肢の中から正しいものを選びなさい。

The questionnaire (　　) by our marketing department to see if any changes are needed to improve services.

(A) developed

(B) was developed

(C) develops

(D) development

単語の意味

questionnaire [kwèstʃənéər]…アンケート

improve [ɪmprúːv]…………………〜を改善する、向上させる

解説

態を問う問題です。

選択肢には動詞 develop「〜を作り上げる、開発する」のさまざまな形が並んでいます。

空欄以降は〈前置詞＋名詞句〉なので、修飾語だと分かります。したがって、チェックしなければならないのは The questionnaire (　) の部分です。この部分の主語は The questionnaire で、動詞部分が空欄になっています。

まず、能動態になるのか受動態になるのか、態について考えます。能動態なのか受動態なのかは、主語と動詞の意味的な関係を考えなければなりません。

主語が「アンケート」なので、「アンケートがマーケティング部によって作られた」となるはずです。**「〜される、〜された」という意味になるときは受動態になります。**

したがって、受動態にしなければなりません。受動態にするには(B)の **was developed** を入れればいいと分かります。空欄直後の by「〜によって」も大きなヒントになります。

「態を問う問題」は頻出問題です。能動態、受動態ともに出題されますが、受動態の出題の方が多いです。また時制の問題と組み合わされて出題されることもあります。

訳

サービスを改善するために変更が必要かどうかを確かめるためにマーケティング部門によってアンケートが作成されました。

**TOEIC テストの
筋トレ 42**

「態を問う問題」は頻出問題。能動態、受動態どちらも出題されます。「〜される、〜された」という意味になるときは受動態になります。

第**43**問

次の選択肢の中から正しいものを選びなさい。

The company released its new product line (　　)
received positive reviews from industry experts.

- (A)　this
- (B)　what
- (C)　its
- (D)　which

単 語 の 意 味

release [rɪlíːs]·····························～を発表する、公表する
new product line·················新製品シリーズ
review [rɪvjúː]·····························評価
expert [ékspəːrt]·····················専門家

解説

関係代名詞の問題です。

英文の意味を考えると、主語が The company、動詞が released、目的語が its new product line だと判断できます。

とすると、空欄以下は修飾語だと考えられます。したがって、修飾語を作る関係代名詞が空欄に入るのではと推測できます。

関係代名詞の問題だとすれば、その先行詞は、空欄前の its new product line「新製品シリーズ」です。先行詞は「もの」であり「人」ではありません。(　)部分は先行詞である空欄直前に置かれた名詞 its new product line のことを説明しているので、空欄には主語の役割をする関係代名詞が入るはずです。

したがって、「もの」が先行詞の場合の主格の関係代名詞である which か that を入れれば正しい英文になると分かります。

選択肢に関係代名詞の that はなく which があるので(D)の which が正解になります。選択肢に that があれば that も正解です。主格の関係代名詞を問う問題では、which、that ともに出題されます。

代名詞である(A)と(C)は間違いです。(B)what には疑問詞と関係代名詞の用法があります。空欄前まで SVO で文が完結しているので、疑問詞 what が導く句や節は後ろに続けることができません。関係代名詞の場合は what = the thing(s) which と先行詞を含みます。この問題の場合空欄前に先行詞があるので、どちらにしても(B)what は間違いです。

訳

同社は業界の専門家から好意的な評価を得た新製品シリーズを発表しました。

TOEIC テストの筋トレ 43

先行詞が「もの」で、その先行詞が続く文の主語の働きをする場合には関係代名詞の主格である which か that を使います。

次の選択肢の中から正しいものを選びなさい。

This week's announcement of the merger between TAS Audio and Beat Sound was welcomed by investors with stock prices (   ).

(A) soar

(B) soared

(C) soars

(D) soaring

単 語 の 意 味

merger [mə́:rdʒər] ····················· 合併
welcome [wélkəm] ····················· 〜を歓迎する
investor [invéstər] ····················· 投資家
stock price ····························· 株価

解説

分詞の問題です。

空欄前は with stock prices (　) と、[with + 名詞 + (　)] の形になっています。

with には付帯状況を表す用法があり、[with + A + B] で「A が B している状況で」という意味になります。

B には形容詞、副詞、分詞が入ります。選択肢には形容詞や副詞はないので分詞である(B)soared か(D)soaring のどちらかが正解だと分かります。

過去分詞(B)の soared が正解であれば「株価が急騰された状況で」となりますが、現在分詞(D)の soaring が正解であれば「株価が急騰している状況で」となります。

文意を考えれば「株価が急騰している状況で」になるはずなので、正解は(D)の **soaring** だと分かります。

付帯状況の with はパート 7 の問題文でもよく使われています。少し難しい問題ですが、最近出題されました。

訳

今週発表された TAS オーディオとビートサウンドの合併は投資家に歓迎され、株価は急騰しました。

**TOEIC テストの
筋トレ 44**

with には付帯状況を表す用法があり、[with + A + B]
で「A が B している状況で」という意味になります。

第45問

できたら…○
できなかったら…×

次の選択肢の中から正しいものを選びなさい。

( ) the coming weeks, the committee will continuously update the general public with any findings obtained.

(A) Upon

(B) Over

(C) Around

(D) Among

単 語 の 意 味

coming [kʌ́mɪŋ] ……………………… 次の、来るべき
committee [kəmíti] ……………… 委員会
continuously [kəntínjuəsli] …… 継続的に、引き続き
update [ʌ̀pdéɪt] ……………………… (人) に最新情報を与える、～を更新する
general public ……………………… 一般の人々、一般市民
findings [fáɪndɪŋz] ……………… (通例複数形で) 調査結果
obtained [əbtéɪnd] ……………… **obtain**「～を手に入れる」の過去分詞

解説

前置詞の問題です。

選択肢にはさまざまな前置詞が並んでいるので、前置詞の問題だと分かります。

前置詞の問題の場合、少し長めに英文を読まなければならない問題もありますが、この問題はコンマ前の( ) the coming weeks部分をチェックするだけで解けます。

「今後数週間～、委員会は得られた調査結果を一般の人々に継続的にお知らせする」という意味の英文で、「～」部分に入れて文意が通るには、「今後数週間にわたり」という意味になる前置詞を入れればいいと分かります。

(B)のoverにはさまざまな意味がありますが、その中の一つに「～にわたって、～の間」という意味があるので、overを入れれば文意が通ります。

overは、超過を表す「～より多く」や優先を表す「～に優先して」などの意味でも出題されています。最も出題頻度が高いのは、この問題で取り上げられている、期間を表すover「～にわたって、～の間」です。

訳

今後数週間にわたって、委員会は得られた調査結果を一般の人々に継続的にお知らせします。

TOEIC テストの筋トレ 45　　overは期間を表す「～にわたって、～の間」という意味での出題頻度が高いです。

第**46**問

次の選択肢の中から正しいものを選びなさい。

At Remington Service Station, a car wash is free
( ) any gasoline purchase of more than $50.

(A) with

(B) for

(C) around

(D) beyond

単 語 の 意 味

free [frí:] ···················· 無料の、無償の
purchase [pə́:rtʃəs] ················· 購入、購入品
more than ～ ···················· ～より多い、～を超える

解説

前置詞の問題です。

選択肢は全て前置詞なので、前置詞の問題ではないかと考えます。前置詞の問題の場合、空欄前後をチェックするだけで解けるものもありますが、この問題は少し長めに英文を読まなければなりません。

「レミントン・サービスステーションでは、50ドルを超えるガソリンの購入で洗車が無料になる」と言っているのではと推測できます。この「〜で」部分に入れて文意が通るのは、(A)の with「〜に伴って、〜と一緒に」だけです。

with を入れてコンマ以降を直訳すると「50ドルを超えるガソリンの購入に伴って洗車が無料になる」となり、意訳すると「50ドルを超えるガソリンの購入で洗車が無料になる」になるので文意が通ります。

(B)for は「〜のために」という意味なので「50ドルを超えるガソリンの購入のための」となり、文意が通りません。うっかり(D)の beyond「〜を超えて」を選んだ人がいるかと思いますが、「50ドルを超えるガソリンの購入を超えて」となり不正解です。(C)の around は「〜の周りに、約〜」という意味になり、文意が通りません。

訳

レミントン・サービスステーションでは、50ドルを超えるガソリンの購入で洗車が無料になります。

TOEIC テストの筋トレ 46

前置詞の with には「〜に伴って、〜と一緒に」という意味があります。

次の選択肢の中から正しいものを選びなさい。

Ms. Allenby discovered yesterday that the recent loan application for her new condominium (　　).

    (A)　approved

    (B)　was approving

    (C)　had been approved

    (D)　to approve

単語の意味

discover [dɪskʌ́vər]······················〜を発見する
loan application·····················ローンの申請
condominium [kàːndəmíniəm]··············分譲マンション、コンドミニアム

解説

過去完了の問題です。

選択肢には approve のさまざまな時制が並んでいます。

この英文の主語は Ms. Allenby で、動詞は discovered でその目的語が yesterday に続く that 節（that S+V）です。Ms. Allenby discovered yesterday とあるので、アレンビーさんが昨日の時点で分かった内容が that 節に書かれているはずです。つまり、that 節の内容は昨日より前に起きていたということです。

that 節内の空欄に入る動詞の時制は、過去の一時点までの動作の完了・結果を表すものだと分かります。

ある過去の時点における、別の行動や状態の完了・結果を示す場合は、過去完了形〈had＋過去分詞〉を使います。 一つの過去の出来事が起こる前に、別の出来事や状態が完了していたことを示します。

また、that 節内の主語と動詞の意味的な関係を考えると受動態になると分かります。正解は(C)の **had been approved** です。過去完了形の受動態は〈had been＋過去分詞〉の形になります。

現在完了形と同じで、過去完了形にも「完了・結果」、「経験」、「継続」などがあります。

訳

アレンビーさんは昨日、彼女の新しいマンションの最近のローン申請が承認されたことが分かりました。

TOEIC テストの筋トレ 47　過去の一時点までの動作の完了・結果を表す場合には過去完了形を使います。

第48問

次の選択肢の中から正しいものを選びなさい。

The (　) of the hotel industry has changed, with many guests seeking facilities such as a fitness center and a business lounge.

(A) contribution

(B) introduction

(C) landscape

(D) segment

単語の意味

industry [índəstri] ················· 業界、産業
seeking [síːkɪŋ] ···················· seek「〜を求める」の現在分詞
facility [fəsíləti] ·················· 施設
such as 〜 ·························· 例えば〜など

解 説

語彙問題です。

語彙問題は英文を読み、全体の意味を考えなければなりません。

「フィットネスセンターやビジネスラウンジなどの施設を求めるゲストが多くなり、ホテル業界の〜は変化している」という英文で、「〜」部分に何を入れればいいのかを考えます。

(C)の landscape「**状況、情勢**」であれば文意が通ります。

少し難しい問題です。landscape は「景色、風景」という意味でしか知らない人が大半です。また、「状況」という場合には、situation、condition、circumstance であればすぐに分かる人は多いですが、landscape を思い浮かべられる人は上級者で、日頃から英文を読み、英単語を和訳だけではなくそれぞれの単語がもつニュアンスまで理解できている方です。

実際にこの意味での landscape を問う問題が出題されています。

(A)contribution「貢献、寄付」、(B)introduction「紹介、導入」、(D)segment「部分、区分」では文意が通りません。

訳

フィットネスセンターやビジネスラウンジなどの施設を求めるゲストが多くなり、ホテル業界の状況は変化しています。

**TOEIC テストの
筋トレ 48**

名詞の landscape には「景色、風景」以外に「状況、情勢」という意味があります。

第49問

次の選択肢の中から正しいものを選びなさい。

Since Jennifer Louw has had enough experience ( ) in the international sector, she will be appointed to head the London office.

(A) working
(B) to work
(C) worked
(D) work

単語の意味

experience [ɪkspíəriəns] ········· 経験、体験
appoint A to 〜 ····················· A を任命して〜させる

解説

動名詞の問題です。

「〜する経験がある」という場合には、〈have an experience in＋動名詞（〜ing）〉の形になります。口語英語では、この前置詞の in を省略して、〈have an experience＋動名詞（〜ing）〉の形で使われることも多いです。

この英文も前置詞の in が省略された形になっています。したがって、空欄には前置詞 in に続く動名詞が入ります。(A)の working が正解です。

TOEIC テストでは「experience in＋動名詞」の形で、前置詞 in を問う問題と、この問題のように in が省略された形で後ろに続く動名詞を問う問題の両方とも出題されています。

また、「〜の経験がある」と「〜」部分に名詞が入る場合には、She has a experience with digital marketing.（彼女にはデジタルマーケティングの経験がある）のように experience の後ろに前置詞の with を続けます。この with を問う問題も出題されています。

訳

ジェニファー・ルーは国際部門で十分な経験を積んできたので、ロンドン事務所の責任者に任命されるでしょう。

TOEIC テストの筋トレ 49

「〜する経験がある」という場合には、〈have an experience in＋動名詞（〜ing）〉の形になりますが、前置詞の in を省略して、〈have an experience＋動名詞（〜ing）〉の形で使われることも多いです。

できたら…○
できなかったら…×

次の選択肢の中から正しいものを選びなさい。

The online training materials include short video clips to make the session even more (   ).

(A) enjoyment

(B) enjoyable

(C) enjoying

(D) enjoyed

単 語 の 意 味

material [mətíəriəl]················資料、教材
include [ɪnklúːd]················〜を含む
video clip················ビデオクリップ、録画ビデオの一部
even [íːvn]················（比較級を強めて）さらに、なおさら、なお一層

解説

形容詞の問題です。

　選択肢に似た形の単語が並んでいるので、品詞問題かもしれないと考えます。品詞問題の場合、空欄前後が重要になります。

　make the session even more ( ) 部分は第五文型［S（主語）＋V（動詞）＋O（目的語）＋C（補語）］の形になっていて、「OをCにする」という意味になります。**補語になるのは名詞か形容詞です。**

　名詞が入るのか形容詞が入るのかは、目的語である the session との関係で決まります。この場合、session の状態を表すのではと分かります。状態を表す場合には、形容詞が入ります。補語に形容詞が入る場合には、「○○しい状態にする」という意味になります。

　したがって、形容詞である(B)の **enjoyable「おもしろい、楽しめる」** が正解です。

　この問題の場合、形容詞 enjoyable の前に比較級の more が置かれ、さらに more enjoyable を強調する even がその前に置かれていて、問題のポイントを分かりにくくしています。
　空欄前後に比較級や最上級を使って問題のポイントを分かりにくくする、という出題パターンはよくあります。

訳

オンライントレーニング資料には、セッションをさらに楽しくするための短いビデオクリップが含まれています。

**TOEIC テストの
筋トレ 50**

第五文型［S（主語）＋V（動詞）＋O（目的語）＋C（補語）］の形になっていて、動詞に make が使われている場合には「OをCにする」という意味になります。補語には名詞か形容詞が入ります。

次の選択肢の中から正しいものを選びなさい。

(　　) being one of the newest members of the research team, Connie Wang has been assigned to lead Slate Chemical's largest project.

(A) Even

(B) Despite

(C) Except

(D) As far as

単 語 の 意 味

assign [əsáin]‥‥‥‥‥‥‥‥‥‥‥‥‥～を割り当てる、指定する、任命する、配属する
one of the ＋複数名詞‥‥‥‥‥～の一つ

解説

前置詞の問題です。

選択肢にはさまざまな品詞の単語が並んでいます。

空欄後からコンマまでは「研究チームの最新のメンバーの一人であること」と名詞句になっています。**名詞句の前に置けるのは前置詞なので**、空欄には前置詞が入ると分かります。

選択肢の中で前置詞の用法があるのは、(B)の Despite「〜にもかかわらず」と(C)の Except「〜を除いて」だけです。どちらが正解かは英文の意味を考えます。

空欄後からコンマまでで「研究チームの最新のメンバーの一人であること」と言っていて、コンマ以降で「コニー・ワンはスレート・ケミカルの最大のプロジェクトを率いるように任命された」と言っています。

これらをつないで意味が通るようにするには、空欄に(B)の**Despite**「〜にもかかわらず」を入れるしかありません。したがって、(B)の **Despite** が正解です。

(A)Even は「〜でさえ」という意味の副詞、(D)As far as は「〜する限り」という意味の表現で接続詞の用法があり、後ろには節(S＋V)が続くため、どちらもここでは使えません。

訳

研究チームの最新のメンバーの一人であるにもかかわらず、コニー・ワンはスレート・ケミカルの最大のプロジェクトを率いるように任命されました。

TOEIC テストの筋トレ 51

despite は「〜にもかかわらず」という意味の前置詞です。

第52問

次の選択肢の中から正しいものを選びなさい。

In order to promote the expansion of the industry, the government is offering free highway access for one year to anyone who (   ) an electric vehicle.

(A) purchase

(B) purchaser

(C) purchases

(D) purchasing

単 語 の 意 味

in order to ～ ‥‥‥‥‥‥‥‥‥‥ ～するために

promote [prəmóut] ‥‥‥‥‥‥‥‥ ～を促進する、推進する、

expansion [ɪkspǽnʃən] ‥‥‥‥‥ 拡大

offer [ɔ́:fər] ‥‥‥‥‥‥‥‥‥‥‥‥ ～を提供する

electric vehicle ‥‥‥‥‥‥‥‥ 電気自動車

難易度… ★ ★ ★

解説

主語と動詞の一致の問題です。

空欄後には an electric vehicle と目的語である名詞が続いているので、空欄には他動詞が入ると分かります。動詞は(A)の purchase と(C)の purchases です。

purchase は主語が複数名詞の場合に使い、purchases は主語が三人称単数名詞の場合に使います。

また、空欄前に置かれた who は主格の関係代名詞で、先行詞が who の前の anyone になります。先行詞の anyone を受けて関係代名詞 who が使われているので、動詞は anyone に対応するものでなければなりません。

anyone は肯定文では「誰でも」という意味で、単数扱いになります。したがって、正解は(C)の **purchases** になります。

TOEIC テストは時間がない中で解かなければならないので、あわてて解いて(A)の purchase を選んでしまう人がいます。ひっかけ問題です。

訳

産業の拡大を促進するために、政府は電気自動車を購入する人に1年間無料での高速道路の使用を認めています。

**TOEIC テストの
筋トレ 52**

who は関係代名詞で、先行詞が who の前の anyone です。関係代名詞 who が主語の働きをしています。

第**53**問

次の選択肢の中から正しいものを選びなさい。

The entry code to access your account will no longer be ( ) after 24 hours, so you will have to request a new link to be sent.

(A) valid

(B) authorized

(C) considered

(D) efficient

単語の意味

no longer ～ ················· もはや～でない

解説

語彙問題です。

語彙問題は英文を読み、全体の意味を考えなければなりません。

「あなたのアカウントにアクセスするためのエントリーコードは、24時間後にもはや〜でなくなるので、新しいリンクを送信するよう要求してください」という英文で、「〜」部分に何を入れればいいのかを考えます。

(A)の valid **「有効な」** であれば意味がつながります。

逆の意味の invalid「無効な」も、リスニングセクションやパート7の長文で時々使われます。この英文でも no longer「もはや〜でない」がなければ、valid の代わりに invalid が使えます。invalid も一緒に覚えましょう。

また、動詞の validate「〜を有効にする」も他のパートで使われますので、一緒に覚えましょう。

(B)authorized「許可された」、(C)considered「よく考えられた」、(D)efficient「効率的な」では文意が通りません。

訳

あなたのアカウントにアクセスするためのエントリーコードは24時間後にもはや有効でなくなりますので、新しいリンクを送信するよう要求してください。

**TOEIC テストの
筋トレ 53**

valid は「有効な」という意味の形容詞です。

できたら…○
できなかったら…×

次の選択肢の中から正しいものを選びなさい。

Glen's Cleaners was able to expand its business by ( ) using existing customers to recommend its services.

(A)　effect

(B)　effectiveness

(C)　effectively

(D)　effective

単 語 の 意 味

be able to 〜 ························· 〜することができる
expand [ikspǽnd] ···················· 〜を拡大する
existing customer ················ 既存客
recommend [rèkəménd] ··········· 〜を勧める、推奨する

解説

副詞の問題です。

選択肢に似た形の単語が並んでいるので、品詞問題かもしれないと考えます。品詞問題の場合、空欄前後が重要になります。

空欄前が前置詞 by、空欄後には動名詞 using が置かれています。

動名詞は、動詞に〜ing を付けることで、名詞と同等の役割を担うことができるようになったものです。「〜すること」という意味になり、英文の中で主語や補語や目的語になり、この英文のように前置詞の目的語にもなります。

動名詞には動詞と名詞の働きがありますが、この英文では動名詞 using の後ろに existing customers「既存顧客」という目的語が続いています。

動名詞は、動詞の性質が強い場合も、名詞の性質が強い場合もありますが、ここでは using の後ろに目的語が続いていることから、動詞としての性格が強いと考えられます。したがって、動詞を修飾する副詞である (C) の **effectively「効果的に」** が正解になります。

訳

グレンズ・クリーナーズは、既存顧客を効果的に利用してサービスを勧めてもらうことで、事業を拡大することができました。

TOEIC テストの筋トレ 54　　動名詞には動詞と名詞の両方の働きがありますが、動詞として機能している場合には動詞を修飾する副詞を動名詞の前に置きます。

第**55**問

次の選択肢の中から正しいものを選びなさい。

Robson College demonstrated a (　　) to its students by hosting an annual job fair to connect graduates with the business community.

(A) commit

(B) commitment

(C) committing

(D) committed

単 語 の 意 味

demonstrate [démənstrèit]……〜をはっきり示す、明示する
host [hóust]……………………〜を主催する
graduate [grǽdʒuət]……………卒業生

解説

名詞の問題です。

選択肢に似た形の単語が並んでいるので、品詞問題かもしれないと考えます。品詞問題の場合、空欄前後が重要になります。

空欄前が冠詞の a で、空欄後は to its students と〈前置詞＋名詞句〉になっています。

〈前置詞＋名詞句〉は修飾語なので、この部分をカッコでくくると、demonstrated a (　) となります。この空欄部分にどの品詞を入れればいいかを考えれば正解が分かります。

冠詞の後ろには名詞が続きます。 名詞は(B)の commitment「コミットメント、献身」だけです。

(A)commit は動詞、(C)committing は現在分詞（もしくは動名詞）、(D)committed は過去分詞です。

訳

ロブソンカレッジは、卒業生とビジネスコミュニティをつなぐために毎年恒例の就職説明会を主催することにより、学生へのコミットメントを示しました。

**TOEIC テストの
筋トレ 55**

冠詞の後ろには名詞が続きます。

第56問

次の選択肢の中から正しいものを選びなさい。

An essential (   ) of the stadium design is the retractable roof that allows games and events to be held no matter the weather.

(A) commission

(B) direction

(C) expansion

(D) component

単 語 の 意 味

essential [ɪsénʃəl]·····················不可欠の、極めて重要な

retractable [rɪtrǽktəbl]············格納式の、引っ込められる

allow A to ～·····························A が～するのを可能にする

no matter the ～·····················～を問わず

解 説

語彙問題です。

語彙問題は英文を読み、全体の意味を考えなければなりません。

「スタジアムのデザインに欠かせない〜は、天候に関係なく試合やイベントを開催できる開閉式の屋根だ」という英文で、「〜」部分に何を入れればいいのかを考えます。

(D)の component「(構成) 要素」であれば「スタジアムのデザインに欠かせない構成要素」となり、文意が通ります。

component には頻繁に使われる「部品、部分」という意味があり、大半の方はこの意味でしか知らないかと思います。その意味では少し難しい問題です。

最近はこの問題のように、一見簡単な単語でも別の意味で問われるケースが増えています。このような問題に正解するには日頃から英文を読み、語感を鍛えることが大事です。

(A)commission「任務、手数料」、(B)direction「指導、道順」、(C)expansion「拡張、拡大」では文意が通りません。

訳

スタジアムのデザインに欠かせない要素は、天候に関係なく試合やイベントを開催できる開閉式の屋根です。

**TOEIC テストの
筋トレ 56**

component には「部品、部分」以外に「(構成) 要素」という意味がありますが、「部品、部分」という意味でしか知らない人が多いです。

第**57**問

次の選択肢の中から正しいものを選びなさい。

( ) the project is currently behind schedule, the manager guarantees that the work will be completed by the deadline.

    (A) Beside

    (B) Although

    (C) Because

    (D) Considering

単 語 の 意 味

currently [kə́:rəntli]‥‥‥‥‥‥‥ 現在、現在は
behind schedule‥‥‥‥‥‥‥ 予定より遅れて
guarantee [gèrəntí:]‥‥‥‥‥‥ ～を保証する、請け合う
complete [kəmplí:t]‥‥‥‥‥‥ ～を完了する、仕上げる
deadline [dédlàin]‥‥‥‥‥‥‥ 締め切り

解 説

接続詞の問題です。

空欄後コンマまでも、コンマ以降も節 [S（主語）＋V（動詞）] です。**節と節を結ぶのは接続詞**です。

選択肢(B)Although、(C)Because、(D)Considering はいずれも接続詞の用法があります。(A)Beside には前置詞の用法がありますが、接続詞の用法はないのでここでは使えません。

正解は(B)、(C)、(D)のどれであれば文意が通るかで判断します。

空欄後からコンマまでの節では「そのプロジェクトは現在予定より遅れている」と言っていて、コンマ以降の節では「マネージャーは期限までに作業が完了すると保証している」と言っています。この２つの節をつないで意味が通る接続詞は、**譲歩を表す although「〜だけれど」だけ**です。したがって、(B)の Although が正解です。

(C)Because「〜だから」、(D)Considering「〜であることを考慮すると」では文意が通りません。

訳

そのプロジェクトは現在予定より遅れていますが、マネージャーは期限までに作業が完了すると保証しています。

**TOEIC テストの
筋トレ 57**

although は「〜だけれど」という意味の譲歩を表す接続詞です。接続詞なので節(S+V)と節(S+V)を結びます。

第58問

次の選択肢の中から正しいものを選びなさい。

The initial responses from consumer reports on Delta's TX-90 camera have been (　　) positive.

(A) overwhelm

(B) overwhelmed

(C) overwhelming

(D) overwhelmingly

単語の意味

initial [ɪníʃəl]······················ 最初の
response [rɪspάːns]··············· 反応、回答
consumer report··············· 消費者レポート
positive [pάːzətɪv]····················· 肯定的な、好意的な

解説

副詞の問題です。

選択肢に似た形の単語が並んでいるので、品詞問題かもしれないと考えます。品詞問題の場合、空欄前後が重要になります。

この英文の空欄前は have been と be 動詞で、空欄後は positive と be 動詞に続く形容詞になっています。**形容詞を修飾するのは副詞なので、副詞である(D)overwhelmingly「圧倒的に、徹底的に」**を選べば正しい英文になります。

副詞は形容詞、動詞、他の副詞、副詞句、節、文全体を修飾します。

訳

デルタの TX-90 カメラに関する消費者レポートからの最初の反応は、圧倒的に肯定的でした。

**TOEIC テストの
筋トレ 58**

形容詞を修飾するのは副詞です。overwhelmingly は「圧倒的に、徹底的に」という意味の副詞です。

次の選択肢の中から正しいものを選びなさい。

A training session has been scheduled for next week to (　　) managers on new laws related to overtime work.

(A) update
(B) allow
(C) inspect
(D) deal

単 語 の 意 味

training session······················研修会
related to 〜·························〜に関連する
overtime work·······················時間外労働、残業

解 説

適切な意味の動詞を選ぶ問題です。

選択肢にはさまざまな動詞が並んでいるので、適切な意味の動詞を選ぶ問題だと分かります。適切な意味の動詞を選ぶ問題は語彙問題と同じで、英文を読んで全体の意味を考えなければなりません。

「時間外労働に関する新しい法律について管理職に〜、研修会が来週予定されている」という英文の「〜」部分にどの動詞を入れれば文意が通るかを考えます。

(A) の update **「〜に最新情報を提供する」** を入れれば、「管理職に最新情報を与えるために、研修会が来週予定されている」となり、文意が通ります。

update で動詞「〜を更新する」、名詞「更新」という意味は知っていても、動詞で他に「〜に最新情報を提供する」という意味があるのを知らない人がいるはずです。この意味での動詞を問う問題は数度出題されています。

他にも、動詞「〜を更新する」、名詞「更新」という意味でも出題されていますので一緒に覚えましょう。

訳

時間外労働に関する新しい法律について管理職に最新情報を与えるために、研修会が来週予定されている。

**TOEIC テストの
筋トレ 59**

動詞の update には「〜を更新する」という意味以外に「〜に最新情報を提供する」という意味もあり、よく使われます。

できたら…○
できなかったら…×

次の選択肢の中から正しいものを選びなさい。

(　　) applies for the senior management position will require at least five years' experience as a project leader.

(A) Many

(B) Who

(C) Anyone

(D) Whoever

単 語 の 意 味

apply for ～ ································ ～に応募する、申し込む
at least ································ 少なくとも

解 説

複合関係代名詞の問題です。

英文を読めば、空欄から position までが名詞節（=名詞の働きをする節）を作り、主語になっていると分かります。ちなみに動詞は will require です。

複合関係代名詞であれば、複合関係代名詞を含む節が名詞節を作ります。

選択肢の中で複合関係代名詞は、(D)の **Whoever「〜する人は誰でも」** だけです。whoever を入れれば「上級管理職に応募する人は誰でも」という意味になるので英文の意味が通ります。

whoever は「〜する人は誰でも」という意味で、**anyone who** で書き換えることができます。

この問題が出ると間違いの選択肢に anyone があることが多く、間違って(C)の Anyone を選ぶ人がいます。Anyone が正解だとすると、(Anyone) applies for the senior management position 部分が節(S+V)になるので、続く動詞 will require とつながりません。

訳

上級管理職に応募する人は誰でも、プロジェクトリーダーとして少なくとも5年の経験が必要です。

TOEIC テストの 筋トレ 60

関係代名詞に -ever が付くものを複合関係代名詞と言い、「どんなものでも」という意味を含みます。複合関係代名詞は、複合関係代名詞を含む節が名詞節(=名詞の働きをする節)を作ります。

できたら…○
できなかったら…×

次の選択肢の中から正しいものを選びなさい。

The new automated labelling system has a few problems, (   ) names and addresses not being properly printed.

(A) so

(B) now that

(C) such as

(D) at first

単 語 の 意 味

automated [ɔ́:təmèɪtɪd]……………オートメーション化した、自動化の
a few……………………………………少しの、わずかの
properly [prá:pərli]………………正しく、適切に
printed [príntɪd]……………………print「〜を印刷する」の過去分詞

解説

イディオムの問題です。

選択肢にはさまざまな語彙や表現が並んでいます。このような問題では、英文全体の意味を考えなければなりません。

空欄前で「新しい自動ラベリングシステムにはいくつかの問題がある」と言っていて、空欄後でその問題の例が2つ挙げられています。したがって、「例」を表す際に使う(C)の such as「例えば〜など」を入れればいいと分かります。

〜 such as A, B and C「A、B、Cのような〜」は名詞の後ろに置いて、その名詞の例を列挙する際に使います。ビジネス関連の英文を書く際にも、何かを主張する際には具体例を3例以上挙げるとよいとされています。

この英文では「正しく印刷されていない名前や住所」と2つの問題の例を挙げています。ちなみに、not being properly printed は修飾語句で、後ろから names and addresses を修飾しています。

(A)so は副詞と接続詞の用法がありますが、どちらにしてもこの問題のように名詞句の前に置いては使えません。(B)now that「今や〜なので」は接続詞の働きをするのでやはり名詞の前に置いて使うことはできません。(D)at first は「最初（は）」という意味なのでここでは使えません。

訳

新しい自動ラベリングシステムには、名前や住所が正しく印刷されないなど、いくつかの問題があります。

**TOEICテストの
筋トレ 61**

such as は「例えば〜など」という意味の表現で、名詞の後ろに置いてその名詞の例を列挙する際に使います。

第62問

次の選択肢の中から正しいものを選びなさい。

The marketing team (　　) used black and white photos in its advertisements to give the product a stylish look.

(A)　relatively

(B)　internally

(C)　progressively

(D)　deliberately

単語の意味

product [prάːdəkt]‥‥‥‥‥‥‥‥‥製品、生産物

解 説

適切な意味の副詞を選ぶ問題です。

選択肢にはさまざまな副詞が並んでいるので、適切な意味の副詞を選ぶ問題だと分かります。英文の意味を考えて文意に合う副詞を選ばなければならないので、語彙問題に似ています。

「マーケティング・チームは製品にスタイリッシュな印象を与えるために広告に～モノクロ写真を使った」という英文で、「～」部分に入れて文意が通る副詞は何かを考えます。

(D)の deliberately **「意図的に、故意に」**であれば、文意が通ります。deliberately は時々使われる intentionally や on purpose と同じ意味です。

(A)relatively「比較的に」、(B)internally「内部で、国内で」、(C)progressively「次第に、漸次」では文意が通りません。

訳

マーケティング・チームは製品にスタイリッシュな印象を与えるために広告に意図的にモノクロ写真を使いました。

TOEIC テストの筋トレ 62

deliberately は「意図的に、故意に」という意味の副詞です。

第63問

次の選択肢の中から正しいものを選びなさい。

The consulting team was able to (　　) shareholders that acquiring a key competitor was the best way to expand their business.

(A) convince

(B) complain

(C) communicate

(D) coordinate

単 語 の 意 味

shareholder [ʃéəhòʊldər]‥‥‥‥‥ 株主

acquire [əkwáɪər]‥‥‥‥‥‥‥‥‥ ～を買収する

key [kíː]‥‥‥‥‥‥‥‥‥‥‥‥‥‥ 主要な、重要な

competitor [kəmpétətər]‥‥‥‥ 競合他社

expand [ɪkspǽnd]‥‥‥‥‥‥‥‥‥ ～を拡大する

解 説

適切な意味の動詞を選ぶ問題です。

適切な意味の動詞を選ぶ問題は語彙問題と同じで、英文を読んで、全体の意味を考えなければなりません。

「コンサルティング・チームは、主要な競合他社を買収することが事業を拡大する最善の方法であることを株主に〜ことができた」という英文で、「〜」部分にどの動詞を入れれば文意が通るかを考えます。

(A) の convince は〈convince＋A（人）＋that 節〉の形で**「A（人）に that 以降ということを納得させる」**の意味となるので、空欄に convince を入れれば文意が通ります。

したがって、(A) の convince **「〜に納得させる、確信させる」**が正解です。

convince は他にも〈convince＋A（人）＋of 〜〉の形でも使われます。意味は同じです。さらに、〈convince＋A（人）＋to 〜〉という表現もよく使われ「A（人）に〜するように説得する」という意味になります。

(B)complain「苦情を言う」、(C)communicate「情報交換をする」、(D)coordinate「〜をうまく調整する」では文意が通りません。

訳

コンサルティング・チームは、主要な競合他社を買収することが事業を拡大する最善の方法であることを株主に納得させることができました。

**TOEIC テストの
筋トレ 63**

convince は「〜に納得させる、確信させる」という意味の動詞です。

第64問

次の選択肢の中から正しいものを選びなさい。

The spokesperson for Fashion For-All announced that the company would (　　) add children's clothing to its lineup.

(A) eventually

(B) recently

(C) simply

(D) knowingly

単 語 の 意 味

spokesperson [spóukspə̀:rsn]‥‥‥‥‥‥広報担当者

add [ǽd]‥‥‥‥‥‥‥‥‥‥‥‥‥‥〜を追加する、加える

lineup [láinʌ́p]‥‥‥‥‥‥‥‥‥‥‥ラインナップ、製品一覧

解 説

　適切な意味の副詞を選ぶ問題です。

　選択肢にはさまざまな副詞が並んでいるので、適切な意味の副詞を選ぶ問題だと分かります。英文の意味を考えて文意に合う副詞を選ばなければならないので、語彙問題に似ています。

　「ファッション・フォーオールの広報担当者は、同社が〜子供服をラインナップに加えると発表した」という英文で、「〜」部分に入れて文意が通る副詞は何かを考えます。

　(A)の eventually「ゆくゆくは、最終的に、結局」であれば、文意が通ります。

　(B)recently「最近、近頃」が正解であれば空欄前後の時制が would add でなく added（過去形）や have added（現在完了形）や had added（過去完了形）のような時制が使われるはずです。

　(C)simply「簡単に、分かりやすく」、(D)knowingly「知っていて、故意に」では文意が通りません。

訳

ファッション・フォーオールの広報担当者は、同社がゆくゆくは子供服をラインナップに加えると発表しました。

**TOEIC テストの
筋トレ 64**

eventually「ゆくゆくは、最終的に、結局」という意味の副詞です。

読むだけでスコアアップ
私はこうして高得点をゲットしました

——

私が信じた「言った通りに
勉強すれば点数は出る」

物流会社勤務　50代女性

『炎の千本ノック！』シリーズを拝見して中村先生のことを検索し、すみれ塾に申し込みをしたのが昨年（2023 年）の 6 月開始クラスでした。その時点で TOEIC の点数は 580 点（L330、R250）。申し込み直前に受けた TOEIC で 605 点（L350、R255）と後日判明しました。Part6 は半分まで、Part7 はほとんど手を付けられないまま時間終了という悲惨さで、つくづく独学の限界を感じていました。英語を使う仕事に転職することが目標でしたが、まだ叶えられていませんでした。

授業の中で先生がおっしゃった、「私が言ったように勉強すれば、絶対に高得点取れますから！」というお言葉を信じて、とにかくその通りに勉強するようにしました。コース申込み直後にいただいた事前学習に関するメールで、あらかじめ勉強したほうがよいとおすすめいただいた『千本ノック！』シリーズを全て、そしておすすめのマークシート用シャープペンシルも買いました（これ、大活躍でした！）。

しかし、なかなか言われたようには日々の勉強時間が取れませんでした。それでも、会社のランチの時間になんとかPart2、3 のリスニング問題を 20 〜 30 分ぐらい（先生に言われたように片手で食べられるパン食に変えて）、行き帰りの電車、徒歩の時間も入れて Part3、4 のリスニングをそれぞれ 1

時間ぐらい、家に帰ってからはなるべく1時間を目標に勉強しました。土日も平日と同じ生活リズムで、朝、昼、晩と勉強しました。

リーディング、特に Part 5 が苦手だったのですが、気づくと好きなリスニングだけを勉強しがちになっていました。それならばいっそリスニングで満点を目指そうと思い、家事をする時にも、先生の Part3 の授業の録音をずっと聞きながら作業をしていました。また『炎の千本ノック！英単語徹底攻略』の中や、授業で分からない単語があると、カードのような紙や付箋に書いて、トイレや家の中の動線近くの壁に貼って覚えるようにしました。

目標の 800 点（L470、R330）が取れたのは、クラス終了半年後の 2024 年 1 月の試験です。その間は 695 点（L430、R265）、645 点（L405、R240）、635 点（L410、R225）と伸び悩みましたが、モチベーションが下がると先生の授業の録音を聞いては、叱咤激励（と勝手に解釈）をいただいていました。また、山﨑先生の構文読解のオンライン授業も、とてもよかったと思います。

今後は苦手なリーディングの点数を伸ばすこと、リスニングは満点を取ることを目標に、900 点台を目指して勉強を続けていきます。

「雨垂れ石を穿つ」

32問

本書の真ん中までたどり着いたあなた。
いい調子！　お疲れさまです。
努力の積み重ねは必ず力となり、
結果を導きます。
あきらめずに、始めていきましょう。

第**65**問

次の選択肢の中から正しいものを選びなさい。

The special (　) is part of a government initiative to promote the sale of electric vehicles.

(A) financial
(B) financed
(C) financing
(D) financially

単 語 の 意 味

initiative [ɪníʃətɪv]……………………… イニシアチブ、自発性、主導権、新提案
promote [prəmóut]……………………… 〜を販売促進する、宣伝する
electric vehicle……………………… 電気自動車

解　説

名詞の問題です。

選択肢に似た形の単語が並んでいるので、品詞問題かもしれないと考えます。品詞問題の場合、空欄前後が重要になります。

空欄前は The special と〈冠詞＋形容詞〉の形になっています。**形容詞が修飾するのは名詞です。** 選択肢の中で名詞は(C)の financing だけです。

簡単な問題ですが意外に間違える人が多いのは、語尾に ~ing が付いているのは全て形容詞だと思っている人がいるからです。語尾に ~ing が付いている名詞もあります。

financing は**「融資、資金調達」**という意味の名詞です。

訳

特別融資は、電気自動車の販売を促進するための政府のイニシアチブの一部です。

形容詞が修飾するのは名詞です。financing は「融資、資金調達」という意味の名詞です。

できたら…○
できなかったら…×

次の選択肢の中から正しいものを選びなさい。

Changes made to the store layout have (　　) caused confusion among customers and been a source of complaints.

    (A)　consistently

    (B)　urgently

    (C)　accordingly

    (D)　reluctantly

単 語 の 意 味

cause [kɔ́ːz] ······························ ～を引き起こす、～の原因になる
confusion [kənfjúːʒən] ············· 混乱、混乱状態
customer [kʌ́stəmər] ··············· 顧客、取引先
complaint [kəmpléint] ·············· 苦情、不平

解説

適切な意味の副詞を選ぶ問題です。

選択肢にはさまざまな副詞が並んでいるので、適切な意味の副詞を選ぶ問題だと分かります。英文の意味を考えて文意に合う副詞を選ばなければならないので、語彙問題に似ています。

「店舗レイアウトの変更は、〜顧客の混乱を招き、苦情の原因となってきた」という英文で、「〜」部分に入れて文意が通る副詞は何かを考えます。

(A)の consistently「常に、一貫して」であれば、文意が通ります。
形容詞 consistent「首尾一貫した、安定した」や名詞 consistency「一貫性」も覚えておきましょう。

過去には、(consistently) demonstrate や (consistently) late のような表現で何度も出題されています。

(B)urgently「差し迫って」、(C)accordingly「それに応じて」、(D)reluctantly「嫌々ながら」では文意が通りません。

訳

店舗レイアウトの変更は、常に顧客の混乱を招き、苦情の原因となってきました。

TOEIC テストの筋トレ 66　consistently「常に、一貫して」という意味の副詞です。

第**67**問

次の選択肢の中から正しいものを選びなさい。

Even though renovations to the main lobby are not (　) finished, visitors will be allowed access starting next Monday.

- (A) primarily
- (B) occasionally
- (C) quite
- (D) rarely

単 語 の 意 味

even though ~ ·························· ~にもかかわらず、~であるけれども
renovation [rènəvéiʃən] ··········· 改装、改修、修復
allow [əláu] ······························ ~に…を許可する、認める

解説

適切な意味の副詞を選ぶ問題です。

選択肢にはさまざまな副詞が並んでいるので、適切な意味の副詞を選ぶ問題だと分かります。英文の意味を考えて文意に合う副詞を選ばなければならないので、語彙問題に似ています。

「メインロビーの改装は〜終わってはいない」の「〜」部分にどの副詞を入れれば全体の意味が通るかを考えます。

(C) の quite が正解です。**not quite で「完全には〜ではない」という部分否定**の意味になります。are not quite finished で「完全に終わったわけではない」となり、文意が通ります。

"Not quite." という表現は実会話でもよく使われます。直訳すると「全くその通りというわけではない」という意味で、「そうではない」と言いたいときの婉曲表現として使われています。

訳

メインロビーの改装は完全には終わっていないのですが、来場者は来週の月曜日から入場が可能になります。

**TOEIC テストの
筋トレ 67**　　not quite で「完全には〜ではない」という部分否定の意味になります。

次の選択肢の中から正しいものを選びなさい。

Ferry departure times (　　) depending on the season, so be sure to visit our Web site and check the latest schedule information.

    (A) vary

    (B) extend

    (C) identify

    (D) proceed

単 語 の 意 味

departure time……………出航時間、出発時間
depend on ～…………………～によって決まる、～次第である
be sure to ～…………………必ず～する
latest [léɪtɪst]……………………最新の

解 説

適切な意味の動詞を選ぶ問題です。

選択肢にはさまざまな動詞が並んでいるので、適切な意味の動詞を選ぶ問題だと分かります。適切な意味の動詞を選ぶ問題は語彙問題と同じで、英文を読んで全体の意味を考えなければなりません。

「フェリーの出航時間は季節によって〜ため、必ずウェブサイトをご覧いただき、最新のスケジュール情報をご確認ください」という英文で、「〜」部分にどの動詞を入れれば文意が通るかを考えます。

空欄には「変わる、異なる」というような意味の動詞が入るはずだと推測できます。

(A)vary**「変わる、変化する」**であれば、文意が通ります。vary が出題される場合には後ろに depending on が使われている場合が多いです。

形容詞 various「さまざまな」や名詞 variety「多様性」も覚えておきましょう。

(B)extend「〜を延ばす、延長する」、(C)identify「〜を確認する」、(D)proceed「続ける、進む」では文意が通りません。

訳

フェリーの出航時間は季節によって異なるため、必ずウェブサイトをご覧いただき、最新のスケジュール情報をご確認ください。

TOEIC テストの
筋トレ 68

vary は「変わる、変化する」という意味の動詞です。

次の選択肢の中から正しいものを選びなさい。

Now that the application process has been completed, tickets for the event will be emailed to registrants (　　).

(A) short

(B) shorten

(C) shortly

(D) shortage

単 語 の 意 味

now that ～ ································· 今や～だから
application process ············ 申し込みプロセス
complete [kəmplíːt] ················· ～を完了する
registrant [rédʒɪstrənt] ············ 登録者

解説

副詞の問題です。

選択肢に似た形の単語が並んでいるので、品詞問題かもしれないと考えます。品詞問題の場合、空欄前後が重要になります。

空欄前は will be emailed to registrants です。to registrants 部分は〈前置詞＋名詞〉なので、この部分は修飾語です。この部分をカッコに入れると、空欄前は will be emailed と、動詞部分が未来時制でかつ受動態になっていると分かります。

動詞を修飾するのは副詞です。選択肢の中で副詞は(C)の shortly だけです。

力不足だと、空欄前に置かれた修飾語部分の to registrants に惑わされ問題のポイントを見失ってしまいます。修飾語部分をカッコに入れて考えるとシンプルな問題だと分かります。

shortly「すぐに、間もなく」は語彙問題としても頻繁に出題されています。

訳

申し込みプロセスが完了したので、イベントのチケットはまもなく登録者に電子メールで送信されます。

**TOEIC テストの
筋トレ 69**

動詞を修飾するのは副詞です。動詞部分がこの問題のように未来時制でかつ受動態になっていても同じです。shortly は「すぐに、間もなく」という意味の副詞です。

第70問

次の選択肢の中から正しいものを選びなさい。

Since the manager started holding the weekly sales meeting (　　) lunch, the participation rate has improved dramatically.

(A) within

(B) for

(C) over

(D) by

単 語 の 意 味

participation rate················ 参加率
improve [ɪmprúːv]····················· 伸びる、好転する
dramatically [drəmǽtɪkli]········ 劇的に、格段に

解 説

前置詞の問題です。

選択肢にはさまざまな前置詞が並んでいますし、空欄後には名詞が続いているので、前置詞の問題だと分かります。前置詞の問題の場合、空欄前後をチェックするだけで解ける問題もありますが、この問題では少し長めに英文を読まなければなりません。

「マネージャーが週に一度、昼食〜営業会議を開くようになって以降、参加率が劇的に向上した」という意味の英文で、「〜」部分に入れて文意が通るには、（　）lunch 部分が「食事中に、食事を取りながら」というような意味になる前置詞を入れればいいと分かります。

over にはさまざまな意味がありますが、その中の一つに**「〜の間に、〜の最中に」**という意味があるので、(C) over を入れれば文意が通ります。

最も出題頻度が高いのは「〜にわたって、〜の間」という意味での over ですが、他にも超過を表す「〜より多く」や優先を表す「〜に優先して」などの意味でも出題されています。over lunch という表現での over を問う問題も最近出題されています。このような問題は問題集をひたすら解くだけでは対処できないので、日頃から英文を読んでそれぞれの前置詞が持つニュアンスをマスターしましょう。

訳

マネージャーが週に一度、昼食を取りながら営業会議を開くようになって以降、参加率が劇的に向上しました。

TOEIC テストの筋トレ 70　前置詞の over には「〜の間に、〜の最中に」という意味もあります。

第71問

次の選択肢の中から正しいものを選びなさい。

Richmond Logistics (　　) bid to become the exclusive delivery service for Stevenson Supermarkets.

(A) successfully

(B) sufficiently

(C) enthusiastically

(D) indirectly

単 語 の 意 味

bid [bíd] ································· 入札する、値を付ける
exclusive [ɪksklúːsɪv] ··············· 独占的な、排他的な
delivery service ···················· 配送サービス

難易度… ★★★

解説

適切な意味の副詞を選ぶ問題です。

選択肢にはさまざまな副詞が並んでいるので、適切な意味の副詞を選ぶ問題だと分かります。英文の意味を考えて文意に合う副詞を選ばなければならないので、語彙問題に似ています。

「リッチモンド・ロジスティクスは、スティーブンソン・スーパーマーケットの独占配送サービス業者に〜入札した」という英文で、「〜」部分に入れて文意が通る副詞は何かを考えます。
(A)successfully「首尾よく、うまく」であれば意味がつながります。

この問題の場合、空欄直後のbid「入札する」が大きなヒントになります。bid は名詞としても動詞としてもビジネスで頻繁に使われる単語ですが、この意味を知らなければ正解できないでしょう。

bid を後ろに置いて使えるのは(A)の successfully だけなので、( ) bid 部分をチェックするだけでも正解を選べます。ここでは bid は過去時制で使われています。現在形であれば bids と -s が付きます。

(B)sufficiently「十分に」、(C)enthusiastically「熱心に、熱烈に」、(D)indirectly「間接的に」では文意が通りません。

訳

リッチモンド・ロジスティクスは、スティーブンソン・スーパーマーケットの独占配送サービス業者に首尾よく入札しました。

TOEIC テストの筋トレ 71

successfully「首尾よく、うまく」という意味の副詞です。

次の選択肢の中から正しいものを選びなさい。

Taylor Logistics is committed to (　　) reliable service to all our customers no matter where they are located throughout the region.

- (A) providing
- (B) provided
- (C) provider
- (D) provide

単 語 の 意 味

reliable [rɪláɪəbl] ⋯⋯⋯⋯⋯⋯⋯⋯ 信頼できる、頼りになる
customer [kʌ́stəmər] ⋯⋯⋯⋯⋯⋯ 顧客、取引先
no matter where 〜 ⋯⋯⋯⋯⋯ どこに〜しようとも
be located ⋯⋯⋯⋯⋯⋯⋯⋯⋯⋯⋯ 位置する、ある
throughout [θruáut] ⋯⋯⋯⋯⋯⋯ 〜の至る所に、〜の間中

解説

動名詞の問題です。

空欄の前後はヒントがあることが多いので、必ずチェックしましょう。空欄前の be committed to ～「～に尽力する、～に熱心である」の to は前置詞の to です。**前置詞の後ろには名詞か名詞句が続きます。**

ここでは空欄後に reliable service「信頼できるサービス」と目的語が続いているので、空欄には動詞の働きをするものを入れなければならないと分かります。

動詞の働きをし、名詞句を作るのは動名詞です。動名詞である(A)の providing が正解です。空欄前の to を不定詞の to と勘違いし、動詞の原形である(D)の provide を選ぶ人がいるかもしれませんが、この to は前置詞の to です。

このタイプの問題で他に出題されている表現として、look forward to ～「～を楽しみにする」があります。この to も前置詞の to です。

訳

テイラー・ロジスティクスは、お客様が地域のどこにいらしても、全てのお客様に信頼できるサービスを提供することに尽力しています。

TOEIC テストの筋トレ 72　　空欄前に前置詞があり、空欄後に目的語がある場合、空欄には動名詞が入ります。

第73問

次の選択肢の中から正しいものを選びなさい。

The proposed changes to the law are ( ) to be accepted by most people under the age of 30.

(A) think

(B) thinking

(C) thoughted

(D) thought

単語の意味

proposed [prəpóuzd]……………提案された
accept [əksépt]…………………～を受け入れる
most [móust]……………………ほとんどの、大部分の

解説

態を問う問題です。

この英文の主語は The proposed changes to the law「提案された法律の変更」で、動詞部分が are (　) です。

英文の意味を考えると、「提案された法律の変更が受け入れられると『考えられている』」となるのが自然だと分かります。be thought to 〜で「〜と考えられている」という意味になります。したがって、(D) の thought が正解です。

be thought to 〜 は、She is thought to be a talented artist.「彼女は才能あるアーティストだと考えられている」のように主語に関する一般的な信念や見解を示すために使われる受動態の表現で、be thought to の後ろには、動詞の原形が続きます。この英文ではその動詞の原形部分が be accepted と受動態になっています。

訳

提案された法律の変更は、30 歳未満のほとんどの人たちに受け入れられると考えられています。

be thought to 〜は「〜と考えられている」という意味でよく使われる表現です。

できたら…○
できなかったら…×

次の選択肢の中から正しいものを選びなさい。

The number of new accounts opened this week ( ) more than any other week in the bank's history.

(A) to increase

(B) has increased

(C) was increased

(D) is increasing

単語の意味

the number of 〜‥‥‥‥‥‥‥‥〜の数
more than 〜‥‥‥‥‥‥‥‥‥〜より多い、〜を上回る

解説

現在完了形の問題です。

現在と過去をつなげて今の状況を表す場合には、現在完了形を使います。
この英文では、今週の新しい口座の開設数が過去の他のどの週よりも多くなっているという現在の「結果」を示しています。this week という表現が大きなヒントになります。

現在完了形は、助動詞 have（または has）に過去分詞を続けます。したがって、(B)の has increased が正解です。

現在完了は「完了・結果」「経験」「継続」の用法がありますが、この英文では現在完了形の has increased を使い、「結果」を表しています。
結果を表す現在完了形は、過去の出来事や動作が現在にもたらしている結果や影響を強調します。

現在完了形はいろいろな形で出題されていますが、TOEICテストでは「継続」を問う問題での出題が最も多いです。「継続」を問う問題に比べると、「結果」を問う問題の方が難しいです。

訳

今週開設された新規口座の数は、その銀行の歴史の中で過去の他のどの週よりも増えました。

TOEIC テストの筋トレ 74　　現在と過去をつなげて今の状況を表す場合には、現在完了形を使います。現在完了は「完了・結果」「経験」「継続」の用法があります。

第75問

次の選択肢の中から正しいものを選びなさい。

Mr. Henley, while (　　) for the cause of a problem in the production line, found a way to dramatically increase output.

(A) searching

(B) searchable

(C) search

(D) searched

単 語 の 意 味

cause [kɔ́:z] ················· 原因
production line ·················· 生産ライン
dramatically [drəmǽtɪkli] ······· 劇的に
output [áutpùt] ····················· 生産量

解説

現在分詞の問題です。

この英文の主語は Mr. Henley、動詞が found、目的語が a way to dramatically increase output で、意味は「ヘンリー氏は生産量を劇的に増やす方法を見つけた」となります。

2つのコンマに挟まれた挿入部分は修飾語です。この部分は接続詞 while に続くため節（S＋V）となるはずですが、選択肢のどれを入れても while の後ろの主語が抜けてしまいます。

時を表す副詞節で、文全体の主語と接続詞に続く主語が一致し、動詞の時制も一致する場合、接続詞の後ろの主語と be 動詞を省略することができるのです。

while の後ろに Mr. Henley を表す主語の he と、be 動詞の was が省略されていることになり、下記の英文の空欄に何を入れればいいかを考えれば正解が分かります。

while ［he was］（　　）for the cause of a problem in the production line

現在分詞である（A）の searching を入れれば「生産ラインの問題の原因を探している間に」となり、文意が通ります。

過去に何度も when や while に続く現在分詞を入れさせる問題は出題されてきましたが、この問題では while searching ... 部分が挿入となっており、力がないと問題のポイントに気付きません。最近の TOEIC テストでは、この問題のように使用英文の構造が難しくなっています。

訳

ヘンリー氏は、生産ラインの問題の原因を探している間に、生産量を劇的に増やす方法を見つけました。

**TOEIC テストの
筋トレ 75**

時を表す副詞節で、文全体の主語と接続詞に続く主語が一致し、動詞の時制も一致する場合、接続詞の後ろの主語と be 動詞を省略することができます。

第76問

次の選択肢の中から正しいものを選びなさい。

(　　) reviews of the newly opened restaurant have all been positive, it has become increasingly difficult to book a table.

(A) As

(B) So

(C) While

(D) With

単 語 の 意 味

review [rɪvjúː] ···················· 評、論評
newly [n(j)úːli] ···················· 新たに
positive [pɑ́ːzətɪv] ···················· 好意的な、肯定的な
increasingly [ɪnkríːsɪŋli] ··········· ますます、だんだんと
book [búk] ···················· 〜を予約する

解説

接続詞の問題です。

文頭からコンマまでも、コンマ以降も節 [S（主語）＋V（動詞）] です。**節と節を結ぶのは接続詞です**。選択肢の中では、(D) With だけが前置詞で他は全て接続詞の用法があります。

残りの (A) As、(B) So、(C) While の中で、どれが正解かは英文の意味を考えます。

空欄からコンマまでで「新しくオープンしたレストランの評判は好意的だ」と言っていて、コンマ以降では「座席の予約はますます難しくなっている」と言っています。

この 2 つの節をつないで意味が通るのは、原因や理由を示す接続詞である (A) の **As「〜なので」**しかありません。

as は他に「〜するときに、〜するにつれて、〜するように」など、さまざまな意味で使われます。また、接続詞以外に副詞や前置詞の用法もあります。

(B) So は「だから、その結果」という意味、(C) While は「〜している間に、だが一方」という意味なので、これらでは文意が通りません。

訳

新しくオープンしたレストランの評判は上々なので、座席を予約するのがますます難しくなっています。

**TOEIC テストの
筋トレ 76**

as には「〜なので」という意味があり接続詞として使われます。接続詞の because や since と同じ意味で、使い方もほぼ同じです。

次の選択肢の中から正しいものを選びなさい。

If you have already signed in for the conference, you are asked to (   ) to the Oak Room for opening remarks from the chairman.

(A) proceeding

(B) proceeded

(C) proceed

(D) proceeds

単 語 の 意 味

sign in for 〜······························〜に署名して入る
opening remark····················開会の挨拶
chairman [tʃéərmən]··············議長

解説

to 不定詞の問題です。

人に何かを行うよう頼むときによく使われる表現に「ask＋A（人）＋to 〜」があり「A（人）に〜をするよう頼む」という意味になります。

A を主語にして受動態の英文にすると、A is asked to do となります。

この英文では A に当たる部分が you になっており、you are asked to 〜の形です。

be asked to の to は不定詞なので、後ろには動詞の原形が続きます。したがって、正解は(C)の proceed「進む」になります。

動詞 proceed は語彙問題としても出題されています。

(A)の proceeding は現在分詞もしくは動名詞なので、to 不定詞の後ろに置いて使うことはできません。

(B)の proceeded は過去形もしくは過去分詞です。to 不定詞の後にはいずれも使えません。

(D)の proceeds は動詞の三人称単数形です。to 不定詞の後ろに三人称単数形を使うことはできません。

訳

すでに会議にサインインしている場合は、議長からの開会のあいさつのためにオークルームに進むように求められます。

TOEIC テストの筋トレ 77

「ask＋A（人）＋to 〜」の A を主語にして受動態にすると A is asked to 〜となります。
to 不定詞の後ろには動詞の原形が続きます。

第78問

次の選択肢の中から正しいものを選びなさい。

The human resources department instructed managers to purchase (　　) they need to make the workplace safer.

(A) whose

(B) wherever

(C) how

(D) whatever

単 語 の 意 味

human resources department……… 人事部
instruct [ɪnstrʌ́kt]………………… ～に指示する、指導する
purchase [pə́ːrtʃəs]………………… ～を購入する
workplace [wə́ːrkplèɪs]………… 職場、仕事場

解説

複合関係代名詞の問題です。

複合関係詞とは、関係詞に -ever の付いた形で、名詞節と副詞節を導くことができます。 whatever について、それぞれの例を挙げて説明します。

〈例 1〉名詞節「～するものは何でも」
I will buy whatever you like.
「好きなものは何でも買ってあげよう」
whatever が名詞節を導き、動詞 buy の目的語になります。

〈例 2〉副詞節「何が～しようとも、～が何であろうとも」
Whatever may happen, I won't change my mind.
「何が起こ ろうとし、決心は変わりません」
whatever が副詞節を導き、文全体を修飾しまり。

この問題は、上に挙げた〈例 1〉の方で、whatever が名詞節を導き、動詞 purchase の目的語になっています。したがって、正解は(D)の **whatever** です。

〈例 2〉で説明した副詞節の whatever も出題されています。

訳

人事部は、職場をより安全にするために必要なものは何でも購入するようにマネージャーに指示しました。

TOEIC テストの筋トレ 78　複合関係代名詞の whatever は名詞節を導き、動詞 purchase の目的語になっています。

第79問

次の選択肢の中から正しいものを選びなさい。

(　　) forgot to print extra copies of the training materials, so some participants had to share.

(A) No one

(B) Someone

(C) Each

(D) Everything

単 語 の 意 味

extra [ékstrə]······························余分の
training material·················トレーニング資料
participant [pɑːrtísəpənt]········参加者
share [ʃéər]······························〜を共有する、分ける

解説

代名詞の問題です。

この英文の主節の主語が空欄で、動詞が forgot で、目的語が to print extra copies of the training materials です。

選択肢は全て代名詞の用法があるので主語になり得ます。したがって、正解するためには全体の意味を考えなければなりません。

「～がトレーニング資料の余分のコピーを印刷するのを忘れたので、一部の参加者は共有しなければならなかった」という英文で、「～」部分に何を入れればいいのかを考えます。英文の意味を考えると、空欄には人を表す語彙が入ると分かるので、(D)の Everything は不正解です。

(A)の No one「誰も～ない」だと「誰もトレーニング資料の余分のコピーを印刷するのを忘れなかったので」、(C)の Each「それぞれ」だと「それぞれがトレーニング資料の余分のコピーを印刷するのを忘れたので」となり文意が通りませんが、(B)の Someone「(肯定文で) 誰か、ある人」であれば、「誰かがトレーニング資料の余分のコピーを印刷するのを忘れたので」となり、文意が通ります。したがって、(B)の Someone が正解です。

訳

誰かがトレーニング資料の余分のコピーを印刷するのを忘れたので、一部の参加者は共有しなければなりませんでした。

TOEIC テストの筋トレ 79　someone は、some と one が合体した「誰か、ある人」という意味の代名詞です。

次の選択肢の中から正しいものを選びなさい。

Employees at Harman Hotel are trained to greet all guests in a (　) and courteous manner.

(A) friend

(B) friendship

(C) friendly

(D) friended

単 語 の 意 味

employee [ɪmplɔ́ːiː]················ 従業員、会社員
train [tréɪn]··························· ～を教育する、しつける
courteous [kə́ːrtiəs]··············· 丁寧な、礼儀正しい
in a ～ manner······················ ～の方法で

解 説

形容詞の問題です。

選択肢に似た形の単語が並んでいるので、品詞問題かもしれないと考えます。品詞問題の場合、空欄前後が重要になります。

空欄前後を省略なしの形で書くと、in a (　) manner and a courteous manner となります。この英文であれば、空欄前が冠詞の a で空欄後は名詞の manner だと分かります。

名詞を修飾するのは形容詞なので、形容詞である(C)の friendly「親切な、友好的な」が正解です。

friendly は語尾が -ly なので副詞だと思い込んでいる人がいますが、形容詞です。

-ly で終わる語は副詞が多いのですが、friendly 以外にも timely などがあり、friendly、timely 共に出題されています。

また、この問題文で使われている in a ～ manner「～の方法で」という表現を問う問題も出題されています。この表現も一緒に覚えましょう。

訳

ハーマンホテルの従業員は、フレンドリーで丁寧な方法で全てのゲストを迎えるように訓練されています。

TOEIC テストの筋トレ 80

名詞を修飾するのは形容詞です。friendly は語尾が -ly ですが、「親切な、友好的な」という意味の形容詞です。

次の選択肢の中から正しいものを選びなさい。

Raymond Day, manager of Human Resources, has scheduled a workshop on professional (　　) for all first-year employees.

(A) administration
(B) division
(C) development
(D) involvement

単 語 の 意 味

schedule [skédʒuːl]……………〜をスケジュールに入れる、予定に入れる
employee [ɪmplɔ́iː]………………従業員、会社員

解説

　語彙問題です。

　選択肢にはさまざまな語彙が並んでいます。語彙問題は英文を読み、全体の意味を考えなければなりません。

　「人事部マネージャーのレイモンド・デイは、1年目の全社員を対象に専門的な〜に関するワークショップを予定している」という英文で、「〜」部分に何を入れればいいのかを考えます。

　人事部長であるレイモンド・デイが、新入社員向けにワークショップを開催すると言っています。一般的に、新人社員はまだキャリアの初期段階にあり、スキルや専門知識を発展させる必要があります。したがって、「開発」や「成長」に関連する語彙を入れればいいと分かります。

　(C)の development を入れれば professional development「専門能力開発」となり、文意が通ります。professional development という表現は多くの企業や組織で頻繁に使われています。

　(A)administration「運営、管理」、(B)division「課、部」、(D)involvement「関与」では文意が通りません。

訳

人事部マネージャーのレイモンド・デイは、1年目の全社員を対象に専門能力開発に関するワークショップを予定しています。

**TOEIC テストの
筋トレ 81**　　professional development は「専門能力開発」という意味で、ビジネス必須表現です。

第**82**問

次の選択肢の中から正しいものを選びなさい。

(　　) initial analysts' reports, a merger between ART Beverages and Lipton Foods seems unlikely to move forward.

  (A) As long as
  (B) Rather than
  (C) In the event of
  (D) Contrary to

単 語 の 意 味

initial [ɪníʃəl]·····························最初の、初めの
merger [mə́ːrdʒər]······················合併
unlikely [ʌnláɪkli]·······················ありそうもない
move forward·······················前進する

解説

イディオムの問題です。

選択肢の中で(A)の As long as 以外は前置詞と同じ働きをする群前置詞です。

as long as は接続詞と同じ働きをしますが、空欄からコンマまでは initial analysts' reports と名詞句になっているので接続詞は使えません。

残り3つの中でどれが正解かは、英文全体の意味を考えなければなりません。

「当初のアナリストの報道に　、ART ビバレッジズとリプトン・フーズの合併が前進する可能性は低いようだ」という英文で、「〜」部分に入れて文意が通るのはどれか考えよ。

(D) contrary to「**〜に反して**」であれば、文意が通ります。この英文のように contrary to の後ろには名詞や名詞句、または名詞節が続きます。

(B) Rather than「〜よりむしろ」、(C) In the event of「(万一) 〜の場合には」では文意が通りません。

訳

当初のアナリストの報道に反して、ART ビバレッジズとリプトン・フーズの合併が前進する可能性は低いようです。

**TOEIC テストの
筋トレ 82**

contrary to は「〜に反して」という意味でよく使われる表現です。

第**83**問

できたら…○
できなかったら…×

次の選択肢の中から正しいものを選びなさい。

The building's (　　) repainted lobby had a strong odor of paint fumes so the doors were left open.

- (A) freshly
- (B) customarily
- (C) moderately
- (D) validly

単 語 の 意 味

repainted [ri:péɪntɪd]……………repaint「〜にペンキを塗り直す」の過去分詞
odor [óʊdər]………………………臭い、臭気
fume [fjú:m]…………………………刺激臭、ガス、煙霧
so [sóʊ]………………………………だから、それで

解説

適切な意味の副詞を選ぶ問題です。

選択肢にはさまざまな副詞が並んでいるので、適切な意味の副詞を選ぶ問題だと分かります。英文の意味を考えて文意に合う副詞を選ばなければならないので、語彙問題に似ています。

「ビルの～ペンキを塗り替えられたロビーはペンキの臭いが強かったので、ドアは開けっ放しだった」という英文で、「～」部分に入れて文意が通る副詞は何かを考えます。

(A)の freshly「**新たに、最近**」であれば、文意が通ります。

freshly repainted は newly repainted と同じ意味になりますが、newly だと正解できても freshly だと分からないという人も少なくないはずです。freshly はこの英文のように過去分詞の前に置いて使われます。

(B)customarily「通例、習慣的に」、(C)moderately「適度に、穏やかに」、(D)validly「正当なやり方で、合法的に」では文意が通りません。

訳

ビルの新たにペンキを塗り替えられたロビーはペンキの臭いが強かったので、ドアは開けっ放しでした。

TOEIC テストの筋トレ 83

freshly は「新たに、最近」という意味の副詞で、過去分詞の前に置いて使います。

第84問

次の選択肢の中から正しいものを選びなさい。

The new community center has a wide selection of activities that appeal to young people and seniors (　　).

    (A)　beforehand

    (B)　well

    (C)　immediately

    (D)　alike

単 語 の 意 味

have a wide selection of 〜……………〜を幅広く取りそろえている
appeal to 〜…………………………〜の心に訴える
senior [síːnjər]…………………………高齢者

解説

適切な意味の副詞を選ぶ問題です。

　選択肢にはさまざまな副詞が並んでいるので、適切な意味の副詞を選ぶ問題だと分かります。英文の意味を考えて文意に合う副詞を選ばなければならないので、語彙問題に似ています。

　The new community center has a wide selection of activities that appeal to young people and seniors (　).「その新しいコミュニティ・センターは、若者と高齢者〜興味を引く幅広いアクティビティを取りそろえている」という英文の「〜」部分に、どの副詞を入れれば全体の意味が通るかを考えます。

　「若者と高齢者の両方の興味を引く」とすればいいのではと推測できます。(D) alike「同様に、等しく」を入れれば文意が通ります。

　A and B alike で「A と B 同様に」という意味になり、both A and B と同じ意味です。

　文末に置く副詞を選ばせる問題は少し難しいですが、ここ数年増えています。英単語の意味を覚えるだけでなく、日頃から英文を読んでこのような使い方に慣れることが大事です。

訳

その新しいコミュニティ・センターは、若者と高齢者が同様に興味を引く幅広いアクティビティを取りそろえています。

TOEIC テストの筋トレ 84

alike は「同様に、等しく」という意味の副詞です。

第85問

次の選択肢の中から正しいものを選びなさい。

Each of the seven scheduled interviews for the intern positions will take (　　) 30 minutes.

(A)　approximate

(B)　approximation

(C)　approximative

(D)　approximately

単語の意味

each [í:tʃ] ……………………… それぞれ、おのおの
interview [íntərvjù:] ……………… 面接、取材
take [téik] …………………………… (時間) がかかる

解 説

副詞の問題です。

選択肢に似た形の単語が並んでいるので、品詞問題かもしれないと考えます。品詞問題の場合、空欄前後が重要になります。

この英文の空欄前は take と他動詞で、空欄後は 30 minutes と take の目的語が続いています。この 30 は minutes を修飾する形容詞の働きをしています。

形容詞を修飾するのは副詞なので、副詞である(D) approximately「およそ、約」を選べば正しい英文になります。

副詞は形容詞、動詞、他の副詞、副詞句、節、文全体を修飾します。

訳

インターンポジションのために予定された 7 つの面接は、それぞれ約 30 分かかります。

**TOEIC テストの
筋トレ 85**

形容詞を修飾するのは副詞です。approximately は「およそ、約」という意味の副詞です。

第86問

できたら…○
できなかったら…×

次の選択肢の中から正しいものを選びなさい。

Although using rideshare services is rapidly gaining (　　), many companies encourage employees to use traditional taxi services.

(A)　accepted

(B)　acceptance

(C)　acceptable

(D)　accept

単語の意味

rideshare [ráidʃèər]……………自動車の相乗り（通勤）、乗り合わせ
rapidly [ræpɪdli]………………急速に、速く
gain [géɪn]………………………〜を得る
encourage [ɪnkə́ːrɪdʒ]……………に（〜することを）勧める、奨励する
traditional [trədíʃənl]……………従来の、伝統的な

解 説

名詞の問題です。

選択肢の形が似ているので、品詞問題かもしれない、と考えましょう。品詞問題の場合、空欄前後が重要になります。

この英文では他動詞 gain が進行形として使われているので is gaining となっています。ですので、空欄部分には gain の目的語を入れればいいと分かります。**目的語になるのは名詞か名詞句です。**

選択肢の中で名詞は(B)acceptance「受け入れること」だけです。gain acceptance で「受け入れられる」という意味になります。

簡単な問題ですが、力不足だと is gaining の間に置かれた副詞 rapidly に惑わされます。この rapidly は is gaining という動詞部分を修飾している副詞です。

間違いを誘おうと空欄の少し前に副詞を置いて問題文を作る、というケースは多いです。

(A)accepted は過去分詞、(C)acceptable は形容詞、(D)accept は動詞です。

訳

ライドシェアサービスの利用は急速に受け入れられつつありますが、多くの企業は従業員に従来のタクシーサービスの利用を奨励しています。

**TOEIC テストの
筋トレ 86**

他動詞の後ろには目的語である名詞が続きます。

第87問

次の選択肢の中から正しいものを選びなさい。

As a way of reducing travel expenses, employees are encouraged to purchase a local monthly rail pass when taking (　　) business trips.

(A) lengthy

(B) pricey

(C) convenient

(D) steady

単 語 の 意 味

expense [ɪkspéns]‥‥‥‥‥‥‥‥‥ 経費

employee [ɪmplɔ́ɪiː]‥‥‥‥‥‥‥‥ 従業員、会社員

encourage [ɪnkə́ːrɪdʒ]‥‥‥‥‥‥‥‥ に（〜することを）勧める、奨励する

答 え　(A) lengthy

解 説

語彙問題です。

選択肢には形容詞が並んでいます。つまり、どれであれば文意に合うかを考える語彙問題になります。語彙問題は英文を読み、全体の意味を考えなければなりません。

「出張経費を削減する方法として、従業員には〜出張の際に現地の１カ月定期券を購入することが奨励されている」の「〜」部分にどの形容詞を入れれば全体の意味が通るかを考えます。

(A)の lengthy「**長く続く、長すぎる**」であれば「長期出張の際に」となり、文意が通ります。lengthy は繰り返し出題されている単語です。この英文では誰もが知っている long「長い」を使って、long business trip ということも可能です。

long も lengthy も長さや時間に関連する単語ですが、それぞれ異なるニュアンスがあります。long は「長い」という意味ですが、物理的な長さ、時間の長さ、または距離を指すことができます。lengthy も「長い」という意味ですが、通常は時間の長さやプロセスの持続期間を指すときに使われます。lengthy は何かが予想よりも時間がかかる、または必要以上に長引くことを示唆し、否定的なニュアンスを持つこともあります。

(B)pricey「高価な」、(C)convenient「便利な」、(D)steady「着実な、安定した」では文意が通りません。

訳

出張経費を削減する方法として、従業員には長期出張の際に現地の１カ月定期券を購入することが奨励されています。

**TOEIC テストの
筋トレ 87**　　lengthty は「長く続く、長すぎる」という意味の形容詞です。

できたら…○
できなかったら…×

次の選択肢の中から正しいものを選びなさい。

The new owner's manual is a (　　) guide to using the camera effectively as well as tips on proper maintenance.

- (A)　comprehensively
- (B)　comprehend
- (C)　comprehension
- (D)　comprehensive

単 語 の 意 味

effectively [əféktɪvli]················ 効果的に、有効に
A as well as B····················· B と同様に A、B のみならず A もまた
tip [típ]······························· ヒント
proper [prá:pər]····················· 適した、適切な

解説

形容詞の問題です。

選択肢に似た形の単語が並んでいるので、品詞問題かもしれないと考えます。品詞問題の場合、空欄前後が重要になります。

空欄直前は冠詞の a で、直後は名詞の guide です。

be 動詞 is の補語が a ( ) guide だと分かります。be 動詞の補語は名詞か形容詞ですが、a ( ) guide と冠詞 a に続いているので、空欄には名詞 guide を修飾する形容詞を入れればいいと分かります。

選択肢の中で形容詞は(D)の comprehensive だけです。

comprehensive は「総合的な、包括的な」という意味の形容詞ですが、品詞問題としてだけでなく、語彙問題としても出題されます。

(A)comprehensively は副詞、(B)comprehend は動詞、(C)comprehension は名詞です。

訳

新しいオーナーズマニュアルは、カメラを効果的に使用するための包括的なガイドであり、適切なメンテナンスに関するヒントでもあります。

TOEIC テストの筋トレ 88　　冠詞に続くのは名詞か名詞句です。また、名詞を修飾するのは形容詞です。

第89問

できたら…○
できなかったら…×

次の選択肢の中から正しいものを選びなさい。

The online map indicated (　　) our hotel was located in relation to some of the city's most popular attractions.

(A) yet

(B) whenever

(C) where

(D) while

単 語 の 意 味

indicate [índəkèɪt]‥‥‥‥‥‥‥‥‥～を指し示す、示唆する
be located‥‥‥‥‥‥‥‥‥‥‥‥～に位置する、ある
in relation to ～‥‥‥‥‥‥‥‥‥～に関して

解説

間接疑問文の問題です。

選択肢には疑問詞と接続詞が並んでいます。どれを入れれば文意が通るかを考えます。空欄以降は indicated の目的語になるので、名詞節になるはずです。

場所に関する情報を示していそうだと分かるので、正解は(C)where ではないかと推測できます。where を入れて、「われわれのホテルが街の最も人気のある観光地のいくつかに対してどこに位置しているかを示していた」とすると文意が通ります。

(Where) was our hotel located in relation to some of the city's most popular attractions? という直接疑問文の英文を、文の一部として用いる間接疑問文にすると The online map indicated に続く英文の語順は〈疑問詞 where＋S＋V〉の形になります。したがって、(C)where が正解です。

(A)yet は「しかし、それにもかかわらず」という意味の対比・譲歩を示す接続詞です。(B)whenever は「〜するときはいつでも」という意味の複合関係副詞です。(D)while は「〜する間に、一方で」という意味の接続詞です。
これらの選択肢は、場所に関する情報を尋ねる疑問詞としては適切ではありません。

訳

オンライン地図は、われわれのホテルが街の最も人気のある観光地のいくつかに対してどこに位置しているかを示していました。

**TOEIC テストの
筋トレ 89**　　直接疑問文の英文を、文の一部に用いる間接疑問文にする場合、語順は〈疑問詞＋S＋V〉になります。

できたら…○
できなかったら…×

次の選択肢の中から正しいものを選びなさい。

The recent approval of the bank loan was a relief to investors because it allows the company to remain (   ) stable.

- (A) financial
- (B) financing
- (C) financially
- (D) financed

単語の意味

approval [əprúːvl]····················· 承認
relief [rɪlíːf]····························· 安心、安堵
investor [ɪnvéstər]····················· 投資家
allow A to 〜···························· A が〜することを可能にする、許す
remain [rɪméɪn]························· 依然として〜のままである
stable [stéɪbl]··························· 安定した

難易度… ★ ★ ★

解説

副詞の問題です。

選択肢に似た形の単語が並んでいるので、品詞問題かもしれないと考えます。品詞問題の場合、空欄前後が重要になります。

空欄前は remain と不完全自動詞です。**不完全自動詞とは補語がないと文が成立しない動詞で、補語になるのは名詞か形容詞です。** この英文の場合、空欄後には補語である形容詞 stable が続いています。

空欄にはこの形容詞を修飾する副詞が入るはずです。選択肢の中で副詞は(C)の financially「財政的に、金融的に」だけです。

副詞は主に、動詞、形容詞、他の副詞、副詞句、節、文全体を修飾します。

ちなみに(A)financial は形容詞、(B)financing は名詞、動名詞もしくは現在分詞、(D)financed は過去分詞です。

訳

銀行ローンの最近の承認は、会社が財政的に安定し続けることを可能にするため、投資家にとって安心でした。

**TOEIC テストの
筋トレ 90**

不完全自動詞の後ろに補語として形容詞が続き、その形容詞の前に空欄がある場合には、形容詞を修飾する副詞が入ります。

第91問

次の選択肢の中から正しいものを選びなさい。

Kent Consulting has experience (　　) staff training, so we have decided to use their services for a series of workshops.

(A) around

(B) with

(C) at

(D) toward

単 語 の 意 味

experience [ɪkspíəriəns]………… 経験、体験
a series of ～…………………… 一連の

解説

前置詞の問題です。

選択肢には前置詞が並んでいるので、どの前置詞を入れれば英文の意味が通るか考えます。

大きなヒントは空欄直前に置かれた has experience です。英文を読むと、「ケント・コンサルティングはスタッフのトレーニングに経験があるので、一連のワークショップに彼らのサービスを利用することに決めた」と言いたいのだろうと推測できます。

正解となる（B）の with は、特定の経験やスキルを持っていることを示す場合によく使用される前置詞です。
ここで使われている with の似た使い方としては他にも、familiarity with ～や knowledge with ～などがあります。

（A）around「～の周りに」、（C）at「～で、（時の一点を示して）～に」、（D）toward「～に向かって」は「～の経験を持っている」という場合には使えません。

訳

ケント・コンサルティングはスタッフのトレーニングに経験があるため、一連のワークショップに彼らのサービスを利用することにしました。

TOEIC テストの筋トレ 91

「～の経験を持っている」という場合には前置詞 with を使い、have [has] experience with ～となります。

第92問

次の選択肢の中から正しいものを選びなさい。

( ) unfavorable weather conditions and delivery delays, the construction project remains on schedule.

(A) Nevertheless

(B) In addition to

(C) Rather than

(D) In spite of

単 語 の 意 味

unfavorable [ʌ̀nféɪvərəbl]········· 好ましくない
weather conditions·············· (複数形で）天候
delivery delay······················ 納期遅延
remain [rɪméɪn]························· 〜のままである
on schedule·························· 予定通りに

解 説

前置詞の問題です。

選択肢には群前置詞や副詞などが並んでいます。

空欄後コンマまでは名詞句になっています。名詞句の前に置けるのは前置詞の働きをするものなので、副詞である(A)のNevertheless 以外は全てが正解候補になります。

(C)の Rather than は「〜よりむしろ」という意味ですが、後ろに名詞を置いて使うことができます。どれが正解かは英文の意味を考えます。

空欄後からコンマまでで「悪天候と納期の遅れ」と言っていて、コンマ以降で『建設プロジェクトは予定通りのままだ』と言っています。
これらをつないで意味が通るのは、(D)In spite of「〜にもかかわらず」しかありません。

in spite of は頻出の前置詞 despite や、忘れた頃に出題される前置詞の notwithstanding と同じ意味です。

(B)In addition to「〜に加えて」、(C)Rather than「〜よりむしろ」では文意が通りません。

訳

悪天候と納期の遅れにもかかわらず、建設プロジェクトは予定通りです。

**TOEIC テストの
筋トレ 92**

in spite of は「〜にもかかわらず」という意味の群前置詞で、前置詞 despite や notwithstanding と同じ意味です。

できたら…○
できなかったら…×

次の選択肢の中から正しいものを選びなさい。

The town planning committee has radically (　　)
the downtown area to improve both traffic flow
and pedestrian safety.

(A) transformed
(B) operated
(C) revealed
(D) combined

単 語 の 意 味

committee [kəmíti] ················· 委員会
radically [rǽdɪkli] ··················· 徹底的に、根本的に
downtown area ····················· 繁華街
improve [ɪmprúːv] ···················· ～を改善する、向上させる
traffic flow ····························· 交通の流れ
pedestrian [pədéstriən] ·········· 歩行者の

答え　(A) transformed

難易度… ★ ★ ★

解説

適切な意味の動詞を選ぶ問題です。

選択肢にはさまざまな動詞が並んでいるので、適切な意味の動詞を選ぶ問題だと分かります。適切な意味の動詞を選ぶ問題は語彙問題と同じで、英文を読んで、全体の意味を考えなければなりません。

この英文では現在完了形が使われているので、選択肢には過去分詞が並んでいます。

「まちづくり委員会は、交通の流れと歩行者の安全を改善するため、繁華街を徹底的に〜」という英文で、「〜」部分にどの動詞を入れれば文意が通るかを考えます。

空欄には「変える」というような意味の動詞が入るはずだと推測できます。
transform「〜の形を変える、〜を変貌させる」の過去分詞である(A)の transformed が正解です。

(B)operate「〜を操作する、運営する」の過去分詞、(C) reveal「〜を明らかにする、見せる」の過去分詞、(D) combine「〜を結合する、組み合わせる」の過去分詞では文意が通りません。

訳

まちづくり委員会は、交通の流れと歩行者の安全を改善するため、繁華街を徹底的に変貌させました。

**TOEIC テストの
筋トレ 93**

transform は「〜の形を変える、〜を変貌させる」という意味の動詞です。

第94問

できたら…○
できなかったら…×

次の選択肢の中から正しいものを選びなさい。

Mr. Layton asked his assistant to send Ms. Shaw a (　　) that she was booked for a free consultation Friday at 9 A.M.

(A) revision

(B) schedule

(C) reminder

(D) feature

単 語 の 意 味

book A for B·················· A に B を予約する
free [fríː]······························· 無料の
consultation [kàːnsəltéɪʃən]····· 相談

解説

語彙問題です。

選択肢には名詞が並んでいます。語彙問題は英文を読み、全体の意味を考えなければなりません。

「レイトン氏はアシスタントに、ショーさんが金曜日の午前9時から無料相談の予約をしているという〜を送るよう頼んだ」という英文で、「〜」部分に何を入れればいいのかを考えます。

空欄後に置かれた that は「〜という」という意味の同格の接続詞です。that 以降は「金曜日の午前9時から無料相談の予約をしているという」となるので、その内容から(C)の **reminder「思い出させるもの【人】」**が正解だと分かります。
「思い出させるもの［人］」なので、Eメールや電話、FAXなど全てを含みます。

reminder は動詞 remind「〜を思い出させる」に er を付けて名詞化した単語なので「思い出させるもの［人］」となります。「リマインダー」として半ば日本語として使われています。

(A)revision「修正、変更」、(B)schedule「スケジュール、予定」、(D)feature「特色、目玉商品」では文意が通りません。

訳

レイトン氏はアシスタントに、ショーさんが金曜日の午前9時から無料相談を予約しているというリマインダーを送るように頼みました。

TOEIC テストの筋トレ 94　　reminder は「思い出させるもの［人］」という意味の名詞です。

できたら…○
できなかったら…×

次の選択肢の中から正しいものを選びなさい。

Please (　　) for any job posted on the internal Web site if you are certain that you have the qualifications.

    (A) apply

    (B) applying

    (C) to apply

    (D) applied

単 語 の 意 味

post [póʊst]·······················〜に掲示する
internal [ɪntə́ːrnl]·····················社内の、内部の
certain [sə́ːrtn]·························〜だと確信して、〜は確かで
qualification [kwɑ̀ːləfɪkéɪʃən]····（通例複数形で）資格、必要条件

難易度… ★★

解説

命令文の問題です。

選択肢には動詞 apply「応募する」のさまざまな形が並んでいます。

文頭に Please が置かれているので、Please に続く動詞を入れて命令文にすればいいと分かります。**命令文では動詞の原形が使われますので、(A) apply が正解です。**

この問題では空欄前に Please が置かれていますが、Please がない形での命令文が使われ、空欄に動詞の原形を入れさせる問題も出ています。どちらの形で出題されても正解できるようにしましょう。

(B) applying は現在分詞（もしくは動名詞）、(C) to apply は to 不定詞、(D) applied は過去分詞なのでここでは使えません。

訳

社内ホームページに掲載されている求人情報については、あなたが応募資格を満たしていることを確認した上で、ご応募ください。

**TOEIC テストの
筋トレ 95**

命令文では動詞の原形が使われます。Please がついている場合も同じです。

第96問

次の選択肢の中から正しいものを選びなさい。

Guests will be asked to present tickets along with a government-issued ID to the (　　) at the entrance to the conference building.

- (A) attendees
- (B) attendants
- (C) attending
- (D) attendance

単 語 の 意 味

guest [gést] ……………………… 客、招待客
present [prizént] ……………………〜を提示する、提出する
government-issued ………… 政府発行の

解説

名詞の問題です。

選択肢に似た形の単語が並んでいるので、品詞問題かもしれないと考えます。品詞問題の場合、空欄前後が重要になります。

空欄前が冠詞の the で、空欄後は at the entrance to the conference building と〈前置詞＋名詞句〉になっています。

〈前置詞＋名詞句〉は修飾語なので、この部分をカッコでくくると、冠詞 the に続く名詞を入れればいいし分かります。

(C) の attending 以外は全て名詞です。(A) attendees は「出席者」、(B) attendants は「係員、世話人」、(D) attendance は「出席、参加者数」という意味になります。
文意に合うのは (B) attendants です。したがって、(B) attendants が正解です。

名詞の問題は選択肢に複数の名詞が並んでいる場合が少なくないので、選択肢全てをきちんとチェックしましょう。

訳

ゲストは、会議ビルの入り口で政府発行の身分証明書と一緒にチケットを係員に提示するよう求められます。

TOEIC テストの筋トレ 96　　冠詞に続くのは名詞です。または冠詞と前置詞の間には名詞が入る、と覚えておきましょう。

3カ月で920点を達成

大学生3年生　20代男性

　大学では英米文学専修で、せっかく英語を学んでいるからにはTOEIC高得点が欲しいと思い、大学1年の時からコツコツと勉強していました。目標達成まで1年半くらいを目安にしていたのですが、800点を超えてから思うように点が伸びませんでした。目標の900点（L470、R450）を達成できたのが2024年1月の公開テストですので、独学での学習開始から約2年、2023年11月にすみれ塾に参加してから3カ月です。

　教室以外での勉強時間は、平日は通学のための往復の電車で合計2時間、帰宅後は自宅で2時間ほどです。休日は4時間半取り組んでいました。使っていた教材は『TOEIC公式問題集』、TOEIC韓国模試、すみれ塾で配布されたプリント、『千本ノック！』シリーズです。

　具体的にどんな勉強をしていたかというと、Part2では文頭の5W1Hを必ず聞き取れるようになるために、そしてなるべく全文聞けるようになるために、音声を何度も繰り返して聞くようにしていました。また、教室で配られたプリントを使って、公式問題集の解答を色分けして（通常疑問文・5W1H、同じ音・似た音など）、瞬時に判断できるように練習しました。

　　Part3、4 はすみれ塾の講義の録音を文字に起こして、その通りに練習するようにしていました。Part4 に関しては多少聞き逃してしまっても大丈夫だと思っています。1 人が喋っている内容なので、ある程度話の要点を聞き取ることができれば答えられるものが多いです。ちょっと聞けなくても諦めないでいいと思います。

　　Part5 に出てくる語彙は、同じようなコロケーションで繰り返し登場することも多いため、『千本ノック！』シリーズや教室配布のプリントで何度も取り組んだ問題が出てくると、即答できるようになりました！

　　Part7 対策では、山﨑先生の「構文読解セミナー」で教わったやり方が、1 文が長めで分かりにくい部分を理解する際にとてもためになりました。また、大学入試の時に スラッシュ リーディングの勉強法をしていたので、とても懐かしい気持ちになりました。何度も公式問題集を解いていると、「ここは狙われそうだ！」などとある程度分かるようになってくるので、公式問題集だけやっていれば十分だと実感しています。ちなみに私は計 7 冊を買いました。

　　とにかく、中村先生の言ったとおりに勉強することが一番です。教室生の方は Part3 の授業の録音を何度も聞いて、さらにはそれを文字に起こして、その通りに勉強してみてください。

　　私の場合は先読みのリズムをつかむまで毎日 2 時間半勉強して、結果 2 週間ほどかかりました。何度も練習すると答えを覚えてしまいますが、それでも繰り返し練習してください。本番の試験でも男女の区別を意識して聞くことはとても効果があるので、必ずマスターしてください。

TOEIC® LISTENING AND READING TEST

Lesson 4

「漸く佳境に入る」

32問

難問に立ち向かうあなた。

少し立ち止まってしまっても大丈夫。

あなたの英語力は

確実にパワーアップしています。

焦らずに、始めていきましょう。

第97問

次の選択肢の中から正しいものを選びなさい。

Franklin Industries' (　　　) rates are largely determined by the day of the week and time of day that cleaning services are required.

- (A) vary
- (B) varying
- (C) variety
- (D) varyingly

単語の意味

rate [réɪt]……………………………料金、比率
largely [láːrdʒli]……………………大部分は、主として
determine [dɪtáːrmən]……………〜を決定する
require [rɪkwáɪər]…………………〜を求める、必要とする

難易度… ★★★

解説

形容詞の問題です。

選択肢に似た形の単語が並んでいるので、品詞問題かもしれないと考えます。品詞問題の場合、空欄前後が重要になります。

この英文の主語は Franklin Industries' (　) rates で、動詞は are determined です。

主語になるのは名詞か名詞句です。したがって、Franklin Industries' (　) rates 部分は名詞句になるはずです。

また、空欄前は Franklin Industries' と所有格になっています。所有格に続くのは名詞か名詞句です。(　) rates が名詞句になるには、空欄には名詞を修飾する形容詞を入れなければなりません。選択肢の中で形容詞は (B) の varying 「**さまざまな、変化する**」だけです。

動詞の vary 「変わる、異なる」も語彙問題として出題されています。一緒に覚えましょう。

訳

フランクリンインダストリーズの変動料金は、主に清掃サービスが求められる曜日と時間帯によって決まります。

TOEIC テストの筋トレ 97

名詞を修飾するのは形容詞です。varying は「さまざまな、変化する」という意味の形容詞です。

第98問

次の選択肢の中から正しいものを選びなさい。

( ) unexpectedly high demand for its drive recorders, Street Visual added a new production line to its plant.

(A) Provided that
(B) In spite of
(C) In case of
(D) Due to

単 語 の 意 味

unexpectedly [ʌ̀nɪkspéktɪdli]…意外に、思いがけなく
demand for 〜……………………〜に対する需要
production [prədʌ́kʃən]…………製造、生産
plant [plǽnt]……………………………工場

解説

群前置詞の問題です。

選択肢にはさまざまな群前置詞や接続詞の用法がある表現が並んでいます。

この英文の空欄後は unexpectedly high demand for its drive recorders「ドライブレコーダーに対する予想を超えた高い需要」と名詞句です。名詞や名詞句の前に入るのは、前置詞か前置詞の働きがある群前置詞です。

選択肢の中で前置詞の用法があるのは、(B) の In spite of と (C) の In case of と (D) の Due to です。(A) の Provided that は接続詞のように用いられる表現です。

どれが正解かは英文の意味を考えます。空欄後コンマまでで「ドライブレコーダーに対する予想を超えた高い需要」と言っていて、コンマ以降で「ストリートビジュアル社は工場に新しい生産ラインを追加した」と言っています。

コンマ前では、新しい生産ラインを追加した理由を述べているのだと推測できます。理由を表す群前置詞である (D) の **Due to「〜のせいで、〜のおかげで」**が正解です。

due to は何度も出題されている表現です。due to と同じ意味の because of や on account of や owing to なども出題されているので一緒に覚えましょう。

(B) In spite of「〜にもかかわらず」、(C) In case of「もし〜の場合」では文意が通りません。

訳

ドライブレコーダーに対する需要が予想外に高かったため、ストリートビジュアル社は工場に新しい生産ラインを追加しました。

TOEIC テストの筋トレ 98

due to 〜は「〜のせいで、〜のおかげで」という意味の群前置詞です。同じ意味の群前置詞 because of 〜、on account of 〜、owing to 〜も出題されます。

第99問

できたら…○
できなかったら…×

次の選択肢の中から正しいものを選びなさい。

( ) the ten design team members, three have been with the company for less than a year.

(A) As
(B) With
(C) By
(D) Of

単語の意味

less than ·································～未満の、～に満たない

解説

前置詞の問題です。

選択肢には前置詞が並んでいます。どの前置詞を入れれば文意が通るかを考えます。

of を文頭に置いて「〜の中で」という意味で使うことがあります。 among や out of と同じ用法です。この英文も Among the ten design team members や、Out of the ten design team members と書き換えることができます。

この問題でも空欄に Of を入れれば「10 人のデザインチームの中で」となり、文意が通ります。したがって(D)の Of が正解です。

前置詞の of には他にもさまざまな意味があり、所属や所有を表したりします。

訳

10 人のデザインチームメンバーのうち、3 人は入社 1 年未満です。

TOEIC テストの筋トレ 99　　of を文頭に置いて「〜の中で」という意味で使うことがあります。

できたら…○
できなかったら…×

次の選択肢の中から正しいものを選びなさい。

If you have already received notification that your seat in the workshop has been secured, (　　) no further actions are required.

(A) afterward

(B) even

(C) also

(D) then

単 語 の 意 味

notification [nòutəfɪkéɪʃən] …… 通知、お知らせ

secure [sɪkjúər] ………………… ～を確保する

further [fə́:rðər] ………………… さらなる、なお一層の

require [rɪkwáɪər] ……………… ～を必要とする、求める

解 説

適切な意味の副詞を選ぶ問題です。

選択肢にはさまざまな副詞が並んでいるので、適切な意味の副詞を選ぶ問題だと分かります。英文の意味を考えて文意に合う副詞を選ばなければならないので、語彙問題に似ています。

「ワークショップの座席が確保されたという通知をすでに受け取っていれば、〜さらなるアクションは必要はない」という英文で、「〜」部分にどの副詞を入れれば文意が通るかを考えます。

(D)の then「その場合は」であれば、文意が通ります。

副詞の then にはさまざまな意味があり、誰もが知っているのは「その時」だと思います。**この英文のように結果を示す場合は「その場合は、それなら」という意味で使われることが多いです。**また、if 節が長い場合には、then を用いることが多いです。then は他にも「今後は、その後は、次には、その上」などさまざまな意味で使われます。

(A)afterward「後で、後に」、(B)even「〜さえ、〜でも」、(C)also「〜もまた、同様に」では文意が通りません

訳

ワークショップの座席が確保されたという通知をすでに受け取っていれば、その場合はさらなるアクションは必要ありません。

TOEIC テストの筋トレ100　　　副詞の then はさまざまな意味で使われますが、結果を示す場合は「その場合は、それなら」という意味になります。

できたら…○
できなかったら…×

次の選択肢の中から正しいものを選びなさい。

Those renewing a subscription will receive a 10% discount on the annual rate (　　　) first-time subscribers will receive 20% off.

(A) nor

(B) while

(C) so

(D) still

単 語 の 意 味

renew [rɪn(j)úː]······················～を更新する
subscription [səbskrípʃən]······定期購読、予約購読
annual rate······························年率
subscriber [səbskráɪbər]·········定期購読者、予約購読者

解説

接続詞の問題です。

空欄前も空欄以降も節 [S（主語）＋V（動詞）] です。**節と節を結ぶのは接続詞です。**

(D)still 以外は全て接続詞の用法があります。残った3つの中でどれが正解かは、どれであれば文意が通るかで判断します。

文頭から空欄直前までの主節では「定期購読を更新する人は年間購読料の10％の割引を受ける」と言っていて、空欄に続く従属節では「初回の定期購読者は20％の割引を受ける」と言っています。

この2つの節をつないで意味が通る接続詞は、**対比を表すwhile「しかし一方」**だけです。したがって、(B)の while が正解です。

(A)nor「～もまた（…し）ない」、(C)so「だから、～するように」では文意が通りません。

while は他にも「～する間ずっと」という意味があり、この意味での while が問われることもあります。

訳

定期購読を更新する人は年間購読料の10％の割引を受けますが、一方、初回の定期購読者は20％の割引を受けます。

TOEIC テストの筋トレ101　while は「しかし一方」という意味の対比を表す接続詞です。他にも「～する間ずっと」という意味もあります。接続詞なので節(S+V)と節(S+V)を結びます。

第102問

次の選択肢の中から正しいものを選びなさい。

Having a solid reputation in the area of corporate law is (　　) Davis, Dubois and Associates has been nominated Firm of the Year.

- (A) where
- (B) how
- (C) who
- (D) why

単語の意味

solid [sάːləd] ·····························確固たる、揺るぎない
reputation [rèpjətéɪʃən] ············ 評判
nominate [nάːmənèɪt] ···············～を推薦する、指名する、任命する

解説

関係副詞の問題です。

選択肢には関係代名詞と関係副詞の用法を持つ単語が並んでいるので、関係詞の問題ではないかと考えます。

文全体の構造を考えると、

[Having a solid reputation in the area of corporate law] is
　　　　　　　　　　　　　　　　S　　　　　　　　　　　　　　　　　　　　　V

[( ) Davis, Dubois and Associates has been nominated Firm of
　　　　　　　　　　　　　　　　　　　　　　　　　C

the Year]. と第2文型になっています。

さらに、C（補語）部分の構造を細かく見ると、

[( ) Davis, Dubois and Associates has been nominated
　　　　　　　　　　S'　　　　　　　　　　　　　V'

Firm of the Year]
　　　C'

と、空欄後には完全文が来ていることが分かります。ですので、関係副詞が正解だと分かります。**関係代名詞が正解であれば、空欄後は主語や目的語が抜けた不完全文になります。**

したがって、関係代名詞の主格である(C)は不正解だと分かります。残り3つは全て関係副詞の用法があるので、文法的には問題はありませんが、(A)where だと「ノミネートされた（場所）」、(B)how だと「ノミネートされた（方法）」となり、主語の「会社法の分野で確固たる評判を得ていること」につなげると文意が通りません。(D)why であれば「ノミネートされた（理由）」となります。

訳

会社法の分野で確固たる評判を得ていることが、デイビス・デュボア・アンド・アソシエイツ社がファーム・オブ・ザ・イヤーにノミネートされた理由です。

TOEIC テストの筋トレ102

関係代名詞の後ろには不完全文（主語や目的語の抜けた文）、関係副詞の後ろには完全文が来ます。関係副詞には、where、how、why 以外に時を表す when があります。

次の選択肢の中から正しいものを選びなさい。

Managers in charge of staff training are coming up with ways to ensure that the workload of interns is distributed (　　).

(A) tentatively

(B) evenly

(C) extensively

(D) considerably

単 語 の 意 味

be in charge of ～················～を担当している、管理している
come up with ～··················～を考えつく、思いつく
ensure [ɪnʃúər]··························～を確実にする、保証する
workload [wə́ːrklòud]··············仕事量、作業量
distribute [dɪstríbjuːt]···············～を分配する、配送する

解説

適切な意味の副詞を選ぶ問題です。

選択肢にはさまざまな副詞が並んでいるので、適切な意味の副詞を選ぶ問題だと分かります。英文の意味を考えて文意に合う副詞を選ばなければならないので、語彙問題に似ています。

「スタッフのトレーニングを担当するマネージャーは、インターンの仕事量を〜分配することを確実にする方法を考えている」という英文で、「〜」部分に入れて文意が通る副詞は何かを考えます。

選択肢の中で考えられるのは「仕事量を均等に分ける」しかありません。したがって、(B)の evenly「均等に、平等に」が正解です。

evenly は「平らに」という意味もあり、パート7ではこの意味でも使われます。

(A)tentatively「暫定的に」、(C)extensively「広範囲に」、(D)considerably「かなり」では文意が通りません。

訳

スタッフのトレーニングを担当するマネージャーは、インターンの仕事量を均等に分配することを確実にする方法を考えています。

**TOEIC テストの
筋トレ 103**

evenly は「均等に、平等に」という意味の副詞です。
他にも「平らに」という意味でも使われます。

次の選択肢の中から正しいものを選びなさい。

Each promotion code is (　　) to a user's account but it can be shared with family members living at the same address.

(A) unique

(B) close

(C) open

(D) timely

単 語 の 意 味

promotion [prəmóuʃən]…………プロモーション、販売促進
share A with B………………………A を B と共有する

解説

語彙問題です。

語彙問題は英文を読み、全体の意味を考えなければなりません。

「各プロモーション・コードはユーザーのアカウントに〜であるが、同じ住所に住む家族と共有することができる」という英文で、「〜」部分に何を入れればいいのかを考えます。

(A)の unique「独特の、独自の、特有の」を入れれば、文意が通ります。

unique はビジネス関連の英文でよく使われる単語です。類義語 sole「唯一の」や unparalleled「比類ない」も覚えておきましょう。

(B)close「近い、接近した」、(C)open「開かれた、公開の」、(D)timely「適時の、タイムリーな」では文意が通りません。

訳

各プロモーション・コードはユーザーのアカウントに固有のものですが、同じ住所に住む家族と共有することができます。

TOEIC テストの筋トレ 104　unique「独特の、独自の、特有の」という意味の形容詞です。

第105問

次の選択肢の中から正しいものを選びなさい。

One of the objectives of our new manager is to
(　　) a work environment that will increase team
members' overall job satisfaction.

(A)　establish

(B)　adopt

(C)　simulate

(D)　justify

単 語 の 意 味

one of the ＋複数名詞 ………… 〜の一つ
objective [əbdʒéktɪv] ………… 目標、目的
work environment ………… 職場環境
overall [óuvərɔ̀ːl] ………… 全体的な、相対的な
job satisfaction ………… 仕事に対する満足度

解 説

適切な意味の動詞を選ぶ問題です。

適切な意味の動詞を選ぶ問題は語彙問題と同じで、英文を読んで、全体の意味を考えなければなりません。

この英文の主語は One of the objectives of our new manager「新マネージャーの目標の一つ」で、動詞は is「である」です。補語にあたる部分が to (　) a work environment「職場環境〜すること」で、その後ろの that は関係代名詞なので that 以降は修飾語です。この「〜」部分に何を入れれば全体の文意が通るかを考えます。

(A) の establish「〜を確立する」であれば「チームメンバーの全体的な仕事に対する満足度を高める職場環境を確立すること」となり、文意が通ります。

establish は、ビジネスでは establish a new company のように「〜を設立する、創設する」という意味でも頻繁に使われます。

訳

新マネージャーの目標の一つは、チームメンバーの全体的な仕事に対する満足度を高める職場環境を確立することです。

**TOEIC テストの
筋トレ 105**

establish は「〜を確立する」という意味の動詞です。他にも「〜を設立する、創設する」という意味でも使われます。

第106問

次の選択肢の中から正しいものを選びなさい。

In order to complete this transaction, please input the five-digit (　　) provided in the text message.

(A) code

(B) support

(C) purchase

(D) object

単 語 の 意 味

in order to ～ ‥‥‥‥‥‥‥‥‥‥‥ ～するために

complete [kəmplíːt] ‥‥‥‥‥‥‥‥ ～を完了する、終える

transaction [trænsǽkʃən] ‥‥‥‥ 取引

input [ínpùt] ‥‥‥‥‥‥‥‥‥‥‥‥ ～を入力する

five-digit ‥‥‥‥‥‥‥‥‥‥‥‥‥ 5 桁の

provided [prəváɪdɪd] ‥‥‥‥‥‥‥ **provide** 「～を提供する」の過去分詞

解説

語彙問題です。

選択肢には名詞が並んでいます。語彙問題は英文を読み、全体の意味を考えなければなりませんが、この問題では空欄直前に置かれた the five-digit「5桁の」が大きなヒントになり、input the five-digit (　) 部分をチェックするだけでも正解は分かります。

five-digit に続けて使えるのは(A)の code「**コード、番号、符号**」しかありません。

空欄に code を入れて全体の意味も確認します。「この取引を完了するには、テキストメッセージに記載された5桁のコードを入力してください」となり、文意が通ります。

code は他にも「**規約、規範、規定**」という意味もあります。パート7の closest in meaning の問題で、code に対し law を選ぶという問題としても出題されています。また、ここでは名詞として使われていますが、他にも動詞「〜に番号[符号]を付ける」としての用法もあります。

間違いの選択肢はそれぞれ名詞、動詞両方の用法がありますが、名詞として使われる場合には、(A)support「支え、支持」、(C)purhcase「購入、購入品」、(D)object「目的、物体」なので文意が通りません。

訳

この取引を完了するには、テキストメッセージに記載された5桁のコードを入力してください。

TOEIC テストの筋トレ 106　code を名詞として使う場合、「コード、番号、符号」以外に「規約、規範、規定」などの意味でも頻繁に使われます。

第**107**問

次の選択肢の中から正しいものを選びなさい。

Because it was such a (　　) mayoral race, a recount of the votes is necessary according to election rules.

(A)　close

(B)　alongside

(C)　scarce

(D)　solid

単 語 の 意 味

mayoral [méɪərəl]····················市長の

race [réɪs]·····························選挙、選挙戦

recount [rikáunt]····················再集計、数え直し

vote [vóut]····························投票

according to ～····················～によれば、～に従って

解 説

語彙問題です。

語彙問題は英文を読み、全体の意味を考えなければなりません。

「とても～市長選だったので、選挙規則に従って票の再集計が必要だ」という英文で、「～」部分に何を入れればいいのかを考えます。

(A)の close「**(選挙などが) 接戦の**」であれば「接戦の市長選」となり、文意が通ります。

close は他にも「(距離が) 接近した、親密な、似通った」などさまざまな意味があります。これらの意味は知っていても「(選挙などが) 接戦の」という意味を知らない、という人がいるかもしれません。

また、ここでは形容詞として使われていますが、他にも副詞「接近して」の用法もあります。

(B)alongside は前置詞で「～と並んで」、副詞で「並んで」、(C)scarce は形容詞で「乏しい、不十分な」、(D)solid は形容詞で「固い、堅固な」という意味がありますが、これらでは文意が通りません。

訳

とても接戦の市長選だったので、選挙規則に従って票の再集計が必要です。

**TOEIC テストの
筋トレ 107**

close には「(選挙などが) 接戦の」という意味があり、選挙関連の英文では頻繁に使われます。

第108問

次の選択肢の中から正しいものを選びなさい。

Despite the obvious benefits, purchasers often neglect to read the owner's manual (　　) before using a new device.

- (A) efficiently
- (B) steadily
- (C) closely
- (D) intentionally

単 語 の 意 味

obvious [ά:bviəs]⋯⋯⋯⋯⋯⋯⋯⋯明らかな、明白な
benefit [bénəfit]⋯⋯⋯⋯⋯⋯⋯⋯利点、メリット
purchaser [pə́:rtʃəsər]⋯⋯⋯⋯⋯購入者
neglect [nɪglékt]⋯⋯⋯⋯⋯⋯⋯⋯〜を怠る、軽視する
device [dɪváɪs]⋯⋯⋯⋯⋯⋯⋯⋯機器、装置、道具

解説

適切な意味の副詞を選ぶ問題です。

選択肢にはさまざまな副詞が並んでいるので、適切な意味の副詞を選ぶ問題だと分かります。英文の意味を考えて文意に合う副詞を選ばなければならないので、語彙問題に似ています。

「明らかな利点があるにもかかわらず、購入者は新しい機器を使用する前に取扱説明書を〜読むことをしばしば怠る」という英文で、「〜」部分に入れて文意が通る副詞は何かを考えます。
(C)の closely「入念に、細かい点に至るまで」であれば、文意が通ります。

過去には、work closely with のように「緊密に」という表現で closely を選ばせる問題が何度も出題されました。「入念に」という意味での出題はさほど多くはありませんでしたが、最近出題されています。

単語には複数の意味がある場合が大半なので、理想は英文を読みながらそれぞれの単語が持つニュアンスをマスターすることです。

(A)efficiently「効率的に」、(B)steadily「着実に」、(D)intentionally「意図的に」では文意が通りません。

訳

明らかな利点があるにもかかわらず、購入者は新しい機器を使用する前に取扱説明書を入念に読むことを怠りがちです。

TOEIC テストの筋トレ 108　　副詞の closely には「密接に」以外に「入念に、細かい点に至るまで」という意味があります。

第109問

次の選択肢の中から正しいものを選びなさい。

A current resume, (　　) a list of three personal references, should be sent to Mia Barr at Stanley & Associates' human resources department.

(A) altogether

(B) as for

(C) as well

(D) along with

単 語 の 意 味

current [kə́:rənt]······················ 現在の、今の
resume [rézəmèi]····················· 履歴書
reference [réfərəns]················· (履歴書などの) 照会先
human resources department········ 人事部

解説

イディオムの問題です。

選択肢には副詞やイディオムが並んでいます。

コンマに挟まれた(　) a list of three personal references 部分に着目します。

空欄後が名詞句なので、副詞や副詞の用法がある(A) altogether と(C) as well は使えません。

残った(B) as for と(D) along with のどちらが正解かは、英文全体の意味を考えなければなりません。

「3名の照会先リスト〜最新の履歴書はスタンレー＆アソシエイツ人事部のミア・バーまで送られなければならない」という英文の「〜」部分に入れて文意が通るのはどれか考えます。

(D) along with「〜と一緒に、〜に加えて、〜の他に」を入れれば「3名の照会先リストと一緒に」となり、文意がつながります。

(B)の as for は「〜に関しては」という意味なので文意が通りません。

訳

最新の履歴書と3名の照会先リストを添付の上、スタンレー＆アソシエイツ人事部のミア・バーまでお送りください。

TOEIC テストの
筋トレ 109

along with は「〜と一緒に、〜に加えて、〜の他に」という意味でよく使われる表現です。

次の選択肢の中から正しいものを選びなさい。

The good weather so far this spring makes it ( ) that the project will be completed on time and on budget.

(A) probability

(B) probable

(C) probably

(D) probabilities

単語の意味

so far	………………………………	今までのところ
complete [kəmplíːt]	………………	〜を完了する、完成させる
on time	………………………………	時間通りに
on budget [bʌ́dʒət]	………………	予算通りに

解説

形容詞の問題です。

選択肢に似た形の単語が並んでいるので、品詞問題かもしれないと考えます。

make＋A＋B で「A を B の状態にする」という意味になります。B には名詞、形容詞、過去分詞、前置詞句が入ります。

この問題の場合、A が it になっています。この it は**形式目的語**で、目的語が長い場合に仮に it を置いて、本来の目的語は空欄直後の that 以下になります。

that 以下は「プロジェクトが予定通り、予算通りに完了するということ」なので、全体の意味を考えると、「プロジェクトが予定通り、予算通りに完了しそうだ」となるはずです。したがって、形容詞である(B)の probable が正解です。
probable は**「ありそうな、あり得る」**という意味の形容詞です。

主語が長い場合にも主語の位置に形式主語の it を置いて、本来の主語を that 以下や to 以下で表します。これらは TOEIC テストの英文でも多用されますので、使い方をマスターしましょう。

訳

今までのところ今年の春は天候に恵まれたため、プロジェクトは予定通り、予算通りに完了する可能性が高いです。

TOEIC テストの筋トレ110　　make＋A＋B で「A を B の状態にする」という意味になります。B には名詞、形容詞、過去分詞、前置詞句が入ります。

第 **111** 問

次の選択肢の中から正しいものを選びなさい。

Making a customer feel welcome can add overall
(　　) to the shopping experience and increase
their loyalty to the store.

(A)　valued

(B)　valuably

(C)　valuable

(D)　value

単 語 の 意 味

welcome [wélkəm]……………… 歓迎される、ありがたい
add [ǽd]……………………………… 〜を加える
overall [óuvərɔ̀:l]………………… 全体的な、全面的な
loyalty [lɔ́iəlti]………………… 忠誠、忠実

解 説

名詞の問題です。

選択肢に似た形の単語が並んでいるので、品詞問題かもしれないと考えます。品詞問題の場合、空欄前後が重要になります。

空欄前に他動詞の add があり、その目的語部分が overall (　) です。**目的語になるのは名詞か名詞句なので**、overall (　) 部分は名詞句になるはずです。

overall は「全体的な、全面的な」という意味の形容詞なので、空欄には形容詞が修飾する名詞が入ると分かります。選択肢の中で名詞は(D)の value だけです。

value には名詞以外に動詞としての用法もあり、「～を（高く）評価する、重視する」という意味です。動詞としての value も TOEIC テストで頻繁に使われます。

訳

顧客を歓迎していると感じさせることで、ショッピング体験に全体的な価値を追加し、店舗への忠誠心を高めることができます。

TOEIC テストの筋トレ 111　　他動詞の後ろには名詞か名詞句が続きます。また、形容詞が修飾するのは名詞です。

第112問

次の選択肢の中から正しいものを選びなさい。

Your annual membership comes (　　) extra services such as express delivery and access to our extensive music and video libraries.

(A) with

(B) for

(C) on

(D) around

単 語 の 意 味

annual [ǽnjuəl]······················ 毎年の、年1回の
such as ～ ······························ 例えば～など
express delivery··················· エキスプレス便、速達便
extensive [ɪksténsɪv]··············· 豊富な、広範囲に及ぶ

解説

前置詞の問題です。

選択肢には前置詞が並んでいます。

空欄前に置かれた comes に着目します。comes と一緒に使えて文意が通るのはどの前置詞なのかを考えます。

（A）の with を入れて、comes with とすれば文意が通ります。
come with はパート7でも頻繁に使われる表現で、「〜が付いている、〜を搭載している」などさまざまな意味で使われます。この問題では「〜が付いている」という意味で使われています。

with に限らず、同じ前置詞を使ったとしても異なる意味で使われる場合が多々あり、さまざまな意味で出題されています。その意味では問題集を使っての学習には限界があります。公式問題集などでパート7の問題文を読みながら、あるいはビジネス関連の文章を読みながらマスターするのがベストです。

訳

年会費には、速達便や豊富な音楽・ビデオライブラリーへのアクセスなどの追加サービスが付いています。

TOEIC テストの筋トレ 112　　come with 〜で「〜が付いている」という意味になります。

第113問

次の選択肢の中から正しいものを選びなさい。

One of the reasons for moving the office to its new location is because many of our clients are in the (　).

(A) approximation

(B) vicinity

(C) situation

(D) closeness

単 語 の 意 味

one of the ＋複数名詞…………〜の一つ
location [loukéɪʃən]………………場所
client [kláɪənt]…………………顧客、取引先

解 説

語彙問題です。

語彙問題は英文を読み、全体の意味を考えなければなりません。

「事務所を新しい場所に移した理由の一つは、私たちの顧客の多くが〜いるからだ」という英文で「〜」部分に当たるのが in the (　) です。

(B)の vicinity「周辺、近所」であれば文意が通ります。in the vicinity で「近くに、周りに」という意味になり、よく使われます。少し難しい表現ですが、過去に出題されています。

(A)の approximation や(D)の closeness を選んだ人もいるかもしれませんが、in the approximation とか in the closeness という言い方はしません。

(A)approximation「近づくこと、接近」、(C)situation「状況、状態」、(D)closenesss「接近、親密」では文意が通りません。

訳

事務所を新しい場所に移した理由の一つは、私たちの顧客の多くがこの近辺にいるからです。

TOEIC テストの筋トレ 113

vicinity は「周辺、近所」という意味の名詞で、in the vicinity で「近くに、周りに」という意味になります。

第114問

次の選択肢の中から正しいものを選びなさい。

We would like to express our sincere appreciation to all those who (　　) in last month's conference.

- (A) participates
- (B) will participate
- (C) participated
- (D) are participating

単 語 の 意 味

express one's appreciation⋯⋯⋯⋯感謝の意を表す
sincere [sɪnsíər]⋯⋯⋯⋯⋯⋯⋯⋯⋯心からの、真剣な
those who ～⋯⋯⋯⋯⋯⋯⋯⋯⋯～する人々

解説

時制の問題です。

選択肢にはさまざまな時制の動詞が並んでいるので、動詞の時制に関する問題だと分かります。

お礼を述べている対象が修飾語部分である to 以降、all those who (　) in last month's conference 部分です。人々が参加したのは先月の会議なので、正解は過去形である(C)の participated だと分かります。

ヒントは文末の last month's conference です。**過去時制に関する問題でヒント語として使われることが多い単語としては、last 以外に ago「〜前に」があります。**

この英文で使われている those who 〜「〜する人々」という表現を問う問題も時々出題されます。一緒に覚えましょう。

訳

先月の会議にご参加いただいた皆様に心より感謝申し上げます。

TOEIC テストの筋トレ 114

last month や last year などのように「この前の、先の」という意味の形容詞 last が使われている場合には過去時制になります。

第**115**問

次の選択肢の中から正しいものを選びなさい。

The marketing team was given a generous two-week (　　) to the deadline so that it could use the latest survey information.

(A) extend

(B) extensive

(C) extended

(D) extension

単 語 の 意 味

generous [dʒénərəs]…………… 気前のよい、寛大な
deadline [dédlàɪn]………………… 締め切り、期限
so that A can ～…………………… A が～できるように
latest [léɪtɪst]…………………………… 最新の、最近の
survey [sə́:rveɪ]……………………… 調査

解説

名詞の問題です。

選択肢に似た形の単語が並んでいるので、品詞問題かもしれないと考えます。品詞問題の場合、空欄前後が重要になります。

two-week はハイフンで結ばれているので形容詞の働きをします。

したがって、空欄直前は a generous two-week と〈冠詞＋形容詞＋形容詞〉の形になっているのが分かります。空欄には形容詞が修飾する名詞が入ります。名詞は(D)の extension「延長、拡張」だけです。

この部分は、a generous extension and two-week extension を短縮した形なので a generous two-week extension と形容詞が２つ続いています。最近はこの問題のように、〈形容詞＋形容詞＋名詞〉の形で出題されることもあります。

extension は語彙問題としても出題されます。また、派生語である形容詞 extensive「広範囲にわたる」も品詞問題としても語彙問題としても出題されます。

訳

マーケティングチームは、最新の調査情報を使用できるように、期限を気前よく２週間延長してもらいました。

TOEIC テストの筋トレ 115

形容詞が修飾するのは名詞です。

第**116**問

次の選択肢の中から正しいものを選びなさい。

The government is working with the private sector to (　　) staff shortages by investing in education and training programs.

- (A) interview
- (B) confront
- (C) deserve
- (D) implement

単 語 の 意 味

work with 〜················〜と協力する、連携する
private sector··················民間セクター、民間部門
shortage [ʃɔ́:rtɪdʒ]···················不足
invest in 〜························〜に投資する

解説

適切な意味の動詞を選ぶ問題です。

適切な意味の動詞を選ぶ問題は語彙問題と同じで、英文を読んで、全体の意味を考えなければなりません。

「政府は人材不足に〜ために、教育訓練プログラムに投資することによって民間セクターと協力している」という英文の「〜」部分にどの動詞を入れればいいかを考えます。

空欄には「善処する、立ち向かう」というような意味の単語が入るはずだと推測できます。したがって(B)のconfront「**〜に立ち向かう、〜と向かい合う**」を入れればいいと分かります。

(A)interview「〜と面談する」、(C)deserve「〜に値する」、(D)implement「〜を実施する」では文意が通りません。

訳

政府は人材不足に立ち向かうために、教育訓練プログラムに投資することによって民間セクターと協力しています。

TOEIC テストの筋トレ 116　　confront は「〜に立ち向かう、〜と向かい合う」という意味の動詞です。

できたら…○
できなかったら…×

次の選択肢の中から正しいものを選びなさい。

All customers who apply for a housing loan at First Street Financial are offered a (　　) of choices to suit their individual needs.

(A) quality
(B) place
(C) scale
(D) range

単語の意味

customer [kʌ́stəmər]‥‥‥‥‥‥ 顧客、取引先
apply for ～‥‥‥‥‥‥‥‥‥‥‥ ～に申し込む
offer [ɔ́:fər]‥‥‥‥‥‥‥‥‥‥‥‥ ～を提供する
suit [sú:t]‥‥‥‥‥‥‥‥‥‥‥‥‥ ～に合う、適する
individual [ìndəvídʒuəl]‥‥‥‥ 個々の、個人の

解説

イディオムの問題です。

選択肢にはさまざまな語彙が並んでいます。どれが正解かは英文全体の意味を考えなければなりません。

この英文は他動詞 offer「〜を提供する」の後ろに目的語が2つ続く第4文型の英文の一つ目の目的語を主語として文頭に出して、受動態にしたものです。

全ての顧客に提供される内容が、a ( ) of choices to suit their individual needs「個々のニーズに合った〜選択肢」です。この「〜」に当たる部分が a ( ) of です。

空欄に入れて文意が通るのは (D) の range です。a range of 〜で「さまざまな〜」という意味になります。この表現を問う問題は繰り返し出題されています。a と range の間に wide を入れて a wide range of 〜という表現で出題されることもあるので一緒に覚えましょう。

a quality of choices、a place of choices、a scale of choices という言い方はしないので、(A)quality、(B)place、(C)scale は間違いです。

訳

ファースト・ストリート・ファイナンシャルで住宅ローンに申し込む全ての顧客は、個々のニーズに合ったさまざまな選択肢を提供されます。

TOEIC テストの筋トレ 117　　a range of 〜で「さまざまな」という意味になり、頻繁に使われる表現です。

次の選択肢の中から正しいものを選びなさい。

Identification badges (　　) to all plant tour members as soon as they board the shuttle bus from Charlette Station.

(A) were given

(B) are giving

(C) will be given

(D) have been given

単 語 の 意 味

identification badge………… 識別バッジ
as soon as ～……………………～するとすぐに
board [bɔ́:rd]……………………～に乗り込む

解説

時制＋態を問う問題です。

　選択肢には動詞 give のさまざまな時制が並んでいるので、まず時制について考えます。

　副詞節は接続詞の用法がある as soon as 〜「〜するとすぐに」で始まっています。この副詞節では board「〜に乗り込む」と現在形が使われています。**as soon as に導かれる副詞節では、未来のことは現在形で表すため現在形が使われているのです。**

　したがって、主節では「乗り込むとすぐに〜だろう」と未来時制が使われなければならないと分かります。また、主節の主語は Identification badges「識別バッジ」なので、「識別バッジが与えられる」と受動態にしなければなりません。

　未来時制で受動態は(C)の will be given です。

訳

シャーレット駅からのシャトルバスに乗車するとすぐに、全ての工場見学メンバーに識別バッジが与えられます。

TOEIC テストの筋トレ 118

as soon as 〜は「〜するとすぐに」という意味になり、as soon as に導かれる副詞節では、未来のことは現在形で表します。その場合、主節には未来時制を使います。

第**119**問

次の選択肢の中から正しいものを選びなさい。

This year, summer temperatures in the Balsa Mountain area are the (　　) they have been in several decades.

(A)　highly

(B)　high

(C)　highest

(D)　higher

単 語 の 意 味

temperature [témpərtʃər] ……… 気温
decade [dékeɪd] …………………… 10 年

難易度… ★★★

解説

最上級の問題です。

選択肢には形容詞 high のさまざまな形が並んでいます。

この英文の意味を理解するには、空欄直後に先行詞に相当する temperatures が省略されていること、空欄の後ろに関係代名詞の目的格 that が省略されていることに気づかなければなりません。

この問題でヒントとなるのは空欄直前に置かれた冠詞の the と文末の in several decades「数十年間で」です。これらから「バルサマウンテン地域の今年の夏の気温は、数十年間で最も高い」と言いたいのではと推測できます。

「最も高い」という場合には最上級を使います。形容詞を最上級にする場合「the ＋形容詞の最上級形」にします。high という形容詞を最上級にする場合には、the highest となるので (C) の **highest** が正解です。

最上級を作る場合、high のように一音節の短い単語は -est を付けますが、2 音節以上の単語は the most beautiful のように the の後ろに most を付けます。

訳

今年のバルサマウンテン地域の夏の気温は、ここ数十年で最も高いです。

**TOEIC テストの
筋トレ 119**

「最も〜」という場合には最上級を使います。形容詞を最上級にする場合「the ＋形容詞の最上級形」となります。最上級を作る場合、high のように一音節の短い単語は -est を付けます。

第**120**問

次の選択肢の中から正しいものを選びなさい。

The Ab-Road insurance application can make it easy for travelers (　　) their overseas coverage in case plans unexpectedly change.

(A) extend had

(B) to extend

(C) extended

(D) were extending

単語の意味

insurance [ɪnʃʊ́ərəns]··············· 保険
overseas [óʊvərsíːz]··············· 海外の
coverage [kʌ́vərɪdʒ]··············· (保険の) 補償範囲
in case······························· 万が一〜の場合には
unexpectedly [ʌ̀nɪkspéktɪdli]··· 予想外に、思いがけなく

解説

不定詞の問題です。

この文は第5文型［S（主語）＋V（動詞）＋O（目的語）＋C（補語）］です。
「make it＋形容詞または名詞＋to不定詞」で「to以下を（形容詞または名詞）にする」という意味になります。ここでは補語に easy と形容詞が使われています。

make の後ろの it は仮目的語です。目的語が長い場合に目的語の場所に it を置き、本当の目的語は to 以下、that 以下、もしくは分詞で表します。

修飾語部分の for travelers をカッコでくくり、(B) の to extend を入れると、The Ab Road insurance application can make it easy (to extend) their overseas coverage となり、「アブロード保険アプリケーションは海外保険を延長することを容易にできる」となります。したがって、(B) の to extend が正解です。

第5文型［S（主語）＋V（動詞）＋O（目的語）＋C（補語）］の英文で、補語の場所に形容詞を入れさせる問題も時々出題されます。

訳

アブロード保険アプリケーションは、予期せぬ計画変更の場合には、旅行者が海外保険を延長することを容易にできます。

TOEICテストの筋トレ120

「make it＋形容詞または名詞＋to不定詞」で「to以下を（形容詞または名詞）にする」という意味になります。

第121問

次の選択肢の中から正しいものを選びなさい。

We ask that you contact our sales department
(　　) deciding to cancel your subscription to
Grass and Gardens magazine.

(A) then

(B) even

(C) before

(D) or

単 語 の 意 味

contact [kάːntækt]······················ ～に連絡する
subscription [səbskrípʃən]······ 定期購読、予約購読

解説

前置詞の問題です。

空欄前が節(S＋V)で、空欄直後には deciding と動名詞が置かれているので、空欄に続くのは名詞句だと分かります。

したがって、空欄に入るのは前置詞です。( ) deciding to ... 部分は〈前置詞＋名詞句〉で、動名詞以降は前置詞の目的語になります。

選択肢の中で前置詞の用法があるのは(C)の before だけです。したがって(C)の **before** が正解です。

before は時々出題される after や until、since と同様に前置詞と接続詞の用法があります。前置詞として問われる場合も、接続詞として問われる場合もあります。

接続詞として使われている場合には、後ろに節(S＋V)が続き、前置詞として使われている場合には、後ろに名詞か名詞句が続きます。

訳

『グラス・アンド・ガーデンズ』誌の定期購読をキャンセルする前に、営業部門にお問い合わせください。

**TOEIC テストの
筋トレ 121**

before は接続詞、前置詞の両方の用法があります。後ろに名詞句を作る動名詞が続いている場合は、前置詞として使われています。

次の選択肢の中から正しいものを選びなさい。

With the long winter holiday starting tomorrow, most retailers (　　) early this afternoon.

    (A)　will be closed

    (B)　closed

    (C)　close

    (D)　are closing

単語の意味

most [móust]······························大多数の、たいていの
retailer [rí:tèilər]······················小売店、小売業者

解説

時制＋態を問う問題です。

選択肢は全て動詞ですが、時制や態が異なります。

主語は most retailers です。まず空欄に入る動詞の時制について考えます。

文末に early this afternoon「午後早くに」とあるので、近い未来に起きることを表す英文だと分かります。したがって、過去時制である(B)の closed や現在時制である(C)の close はここでは使えないと分かります。

未来時制である(A)will be closed が選択肢にありますが、主語と動詞の意味的な関係を考えると、能動態になるはずなので受動態を使うことはできません。

残った(D)は are closing と現在進行形です。**現在進行形は今進行している様子や動作以外に、近い未来の予定や計画を表すことができます。** したがって、(D)の are closing が正解です。

現在進行形で「近い未来の予定や計画を表すことができる」ということを知らない人が多いですが、繰り返し出題されている問題です。

訳

明日から長い冬休みに入るため、ほとんどの小売店は今日の午後早くに閉店します。

第123問

次の選択肢の中から正しいものを選びなさい。

Accompanying your resume with a list of three suitable references (   ) enhances the chances of being hired.

(A) great

(B) greatest

(C) greatness

(D) greatly

単 語 の 意 味

accompany [əkʌ́mpəni]·········· 〜に添付する
resume [rézəmèɪ]····················· 履歴書
suitable [súːtəbl]···················· 適切な、ふさわしい
reference [réfərəns]················· (信用) 照会先、照会
enhance [ɪnhǽns]···················· 〜を高める、強める

解説

　副詞の問題です。

　選択肢に似た形の単語が並んでいるので、品詞問題かもしれないと考えます。品詞問題の場合、空欄前後が重要になります。

　空欄直後は enhance「〜を高める、強める」と動詞です。**動詞を修飾するのは副詞なので、副詞である(D) greatly「大いに、非常に」を選べば正しい英文になります。**

　副詞は動詞、形容詞、他の副詞、副詞句、節、文全体を修飾します。

　空欄直後に置かれたヒント語である enhance も語彙問題として出題されます。一緒に覚えましょう。

訳

履歴書に３通の適切な信用照会先を添付すると、採用される可能性が大幅に高まります。

**TOEIC テストの
筋トレ 123**

動詞を修飾するのは副詞です。greatly は「大いに、非常に」という意味の副詞です。

第124問

次の選択肢の中から正しいものを選びなさい。

Work orders for machinery repairs must be approved by a plant supervisor before sending ( ) to the maintenance department.

(A) their

(B) themselves

(C) them

(D) they

単 語 の 意 味

work order······························ 作業指示書
machinery [məʃíːnəri]·············· 機械、機械類
approve [əprúːv]······················ 〜を承認する
supervisor [súːpərvàɪzər]········· 監督者、管理者

解説

代名詞の問題です。

選択肢には they のさまざまな格の代名詞が並んでいるので、適切な代名詞の格を選ぶ問題だと分かります。代名詞の格を問う問題の場合、空欄前後にヒントがある場合が多いです。

ここで空欄に入るべき単語は、「工場の監督者によって承認されるべき修理のための作業指示書（work orders）」を指すものだと分かります。

この英文の空欄直前は、前置詞 before の後ろに動名詞の sending が続いています。

動詞に ~ing を付けて名詞化したものが動名詞です。したがって、空欄には他動詞 send の目的語が入るはずなので、代名詞 they の目的格である (C) の them が正解です。

簡単な問題ですが、代名詞の格を問う問題はほぼ毎回出題される定番問題です。空欄前後のチェックだけで解けるため、1秒で解ける問題です。

訳

機械修理の作業指示書は、メンテナンス部門に送信する前に、工場の監督者によって承認される必要があります。

TOEIC テストの筋トレ 124

動詞に ~ing を付けて名詞化したものが動名詞です。send は他動詞なので後ろには目的語が続きます。代名詞 they の目的格は them です。

第125問

次の選択肢の中から正しいものを選びなさい。

DTS Communication's customers experience ( ) fewer internet interruptions than users of other service providers.

(A) consider

(B) considering

(C) considerably

(D) considered

単語の意味

customer [kʌ́stəmər]……………顧客、得意先
experience [ɪkspíəriəns]………〜を経験する
interruption [ìntərʌ́pʃən]………中断、遮断、さえぎること
provider [prəváɪdər]……………（インターネットの）プロバイダー、接続業者

解説

副詞の問題です。

選択肢に似た形の単語が並んでいるので、品詞問題かもしれないと考えます。品詞問題の場合、空欄前後が重要になります。

この英文の主語は DTS Communication's customers で、動詞は experience で、空欄後には fewer internet interruptions と名詞句、つまり目的語が続いています。

空欄直後の fewer は、形容詞 few の比較級なので、空欄後は〈形容詞＋名詞〉の形になっていることが分かります。**形容詞を修飾するのは副詞なので、副詞である(C)の considerably「かなり、相当に」を選べば正しい英文になります。**

副詞は形容詞、動詞、他の副詞、副詞句、節、文全体を修飾します。

英文をきちんと読まなければ、空欄前に置かれた experience を名詞の「経験」だと勘違いして間違える場合があります。experience は名詞以外に「〜を経験する」という動詞としての用法もあります。

訳

DTS コミュニケーションズ社の顧客は、他のサービス・プロバイダーのユーザーと比較して、インターネットの中断がかなり少ないです。

TOEIC テストの
筋トレ125

形容詞を修飾するのは副詞です。

第126問

次の選択肢の中から正しいものを選びなさい。

Zenith Systems, Inc., is a leading company in its field and is renowned for its (　　) of highly efficient solar panels.

(A) produce

(B) productively

(C) production

(D) productivity

単語の意味

leading [líːdɪŋ]················· 主要な
field [fíːld]····················· 分野
renowned for ～··············～で有名な
highly efficient·············· 高性能の
solar panel·················· ソーラーパネル、太陽電池パネル

解説

名詞の問題です。

選択肢に似た形の単語が並んでいるので、品詞問題かもしれないと考えます。品詞問題の場合、空欄前後が重要になります。

空欄前が代名詞の所有格 its で、空欄後は of highly efficient solar panels と〈前置詞＋名詞句〉になっています。

〈前置詞＋名詞句〉は修飾語なので、この部分をカッコでくくると、**代名詞の所有格 its に続く名詞**を入れればいいと分かります。

(B)の副詞である productively 以外は全て名詞です。

(A)produce は「農産物」、(C)production は「製造、生産」、(D)productivity は「生産性」という意味になります。問題文の文意に合うのは(C)の **production** です。

名詞の問題は選択肢に複数の名詞がある場合が少なくないので、選択肢全てをきちんとチェックしましょう。

訳

ゼニスシステムズ社はこの分野の主要な企業であり、高性能のソーラーパネルの生産で有名です。

代名詞の所有格に続くのは名詞です。

第127問

次の選択肢の中から正しいものを選びなさい。

(　　) a national survey, nearly 70% of people who are currently using car share services have previously owned a vehicle.

- (A) As
- (B) With
- (C) According to
- (D) Provided that

単 語 の 意 味

national survey……………… 国の調査
nearly [níərli]……………………… ほとんど、ほぼ
currently [kə́:rəntli]……………… 現在、現在は
previously [príːviəsli]…………… 以前に、前に
own [óun]……………………………… 〜を所有する
vehicle [víːəkl]……………………… 自動車

解 説

群前置詞の問題です。

選択肢にはさまざまな前置詞や接続詞の用法がある表現が並んでいます。

空欄の後ろは a national survey と名詞句になっています。したがって、空欄に入るのは、後ろに名詞句を取ることのできる前置詞か群前置詞のいずれかだと判断できます。この時点で、接続詞的に使う(D)Provided that は除外できます。

残り3つの中でどれが正解かは、英文全体の意味を考えて正解を選ばなければなりません。

「国の調査で、現在カーシェア・サービスを利用している人の70%近くが、以前は自動車を所有していた」という英文の「〜」部分に入れて文意が通るのはどれか考えます。

(C)の According to 「〜によれば」を入れれば、文意が通ります。
according to は他に「〜に従って、〜に準じて」という意味もあり、この意味でも過去に出題されています。

(A)の As を前置詞として使う場合は「〜として」、(B)With は「〜と共に、〜と同時に、〜を持って(いる)」という意味なので文意に合いません。

訳

国の調査によると、現在カーシェア・サービスを利用している人の70%近くが、以前は自動車を所有していました。

**TOEIC テストの
筋トレ 127**

according to は「〜によれば」や「〜に従って、〜に準じて」という意味でよく使われる表現です。

第128問

次の選択肢の中から正しいものを選びなさい。

The new cook book by Julian Toms has been highly praised because it includes recipe descriptions that are (　) detailed.

- (A) solely
- (B) surprisingly
- (C) conveniently
- (D) comprehensively

単 語 の 意 味

highly [háıli]·····························高く、大いに、非常に
praise [préız]·····························〜を称賛する、褒める
include [ınklúːd]·····················〜を含む
recipe [résəpi]·························レシピ、調理法
description [dıskrípʃən]··········説明、記述
detailed [díːteıld]·····················詳細な

解説

適切な意味の副詞を選ぶ問題です。

選択肢にはさまざまな副詞が並んでいるので、適切な意味の副詞を選ぶ問題だと分かります。英文の意味を考えて文意に合う副詞を選ばなければならないので、語彙問題に似ています。

「ジュリアン・トムスによる新しい料理本が高く賞賛されたのは、〜詳細なレシピ説明が含まれているからだ」という英文で、「〜」部分に入れて文意が通る副詞は何かを考えます。

空欄の少し前に置かれた that は、関係代名詞の that です。先行詞は recipe descriptions で、that 以降でその説明をしています。

空欄に (B) の surprisingly「驚くほどに、思いの外」を入れれば、「驚くほど詳細なレシピ説明」となり、意味がつながります。

名詞・動詞 surprise「驚き」「〜を驚かす」と形容詞 surprising「驚くような」も一緒に覚えておきましょう。

(A)solely「ただ〜だけで、もっぱら」、(C)conveniently「便利に、好都合なことに」、(D)comprehensively「総合的に、包括的に」では文意が通りません。

訳

ジュリアン・トムスによる新しい料理本が高く賞賛されたのは、驚くほど詳細なレシピ説明が含まれているからです。

**TOEIC テストの
筋トレ 128**

surpisingly は「驚くほどに」という意味の副詞で、後ろに置かれた過去分詞の detailed を修飾しています。

自分なりの勉強法を模索

鉄鋼業関連企業勤務　50代男性

　私は、弁理士資格を有するいわゆる企業内弁理士として、知的財産業務（特許、商標の申請業務）を担っています。TOEIC高得点を目指し始めたきっかけは、会社の特別手当の対象になることと、私自身が「TOEIC900点＝英語ができる人」という世間一般的な認識を持っていたことです。また、もし今いる会社が傾いても、900点以上あれば転職する際のリスク管理にもなると思っていました。

　2022年11月からすみれ塾のオンラインクラスの受講を開始。1年3カ月後にIPテストで915点（L475、R440）を達成しました。コロナ禍以降「本気で」900点以上を目指し始めてから、到達までに約3年程度かかりました。当時は1年くらいで900点を出せるだろうと安易に考えていました。もっと早く受講できていれば…と思います。なお、コロナ禍前の点数は、19年10月受験時で710点（L385、R325）でした。

　各パートの勉強方法について、Part2はすみれ塾で教わった内容を実践するのみだと思います。全部聞くのは自分には無理だと感じていたので、消去法をより強く意識していました。Part3もPart2と同様に、すみれ塾の内容を実践するのみ。Part3、4は、とにかく先読みが命です。とはいえ、解答方法は人によってベストな方法があると思っています。聞けることも重要ですが、自分の型を探すことに意識していました。すみれ塾の受講でリスニングの点数はかなり向上しました。

Part5 は『千本ノック！』の赤、白、青（カバーの色）を繰り返しました。特に電車移動などの隙間時間に活用していました。文法書に立ち返り、知識を定着させることも重要だと感じます。文法書は、主に Forest を使用していました。

点数が思うように伸びず、一番苦労したのが Part7 です。このパートは、勉強のやり方が最も点数に影響すると思いました。しかもやり方は人それぞれ、自分で見つけるしかないのです。私の以前の勉強方法は、Part7 を目標 55 分で解答し、勉強したその日のうちに約 10 問程度の内容を検討、翌日にまた 10 問程度検討する、というものでした（時間的に 1 日ではこれぐらいが限度でした）。つまり、試験 1 回分／3 〜 5 日間で、演習と復習を繰り返すという手法です。

その後、横浜 F マリノスの応援のために韓国旅行へ行った際に『850＋』という問題集を購入。この本はメール、チャットなど設問の種類別に掲載されているため、それに合わせて、勉強のやり方を変えました。1 日に 10 〜 20 問程度の演習、復習を行い、次の日に簡単に見直しをするようにしたのです。長期休みが重なったこともあり、このやり方が定着すると一皮むけた感じがしました。実際、915 点を達成したテストでは自己ベストの R440 点を獲得できました。おそらく、各設問への時間管理に対する意識がより高まったことが要因だと思います。

これまでを振り返ると、勉強を「継続」することが最も大変でした。継続していく中でやり方を柔軟に変え、試行錯誤を繰り返す、これが重要だと思います。また、私はネット情報を参考に複数のコーチングを受講しましたが、すぐには点数が伸びませんでした。正直自分は、TOEIC 高得点を目指すにあたっては「情報弱者」だったと思います。これから頑張ろうとしている方は、どうかこうならないように…。

TOEIC®
LISTENING
AND
READING TEST

Lesson

5

「細き流れも
大河となる」

32問

最後まで駆け抜けたあなた。
よくぞ、ここまでたどりつきました。
これまでの全てが、
あなたの糧となっています。
ラストスパート、始めていきましょう。

次の選択肢の中から正しいものを選びなさい。

The purchase of the condominium can be arranged in two (　　); the first is due when the contract is signed and the second is due when construction is complete.

- (A) installments
- (B) installed
- (C) installing
- (D) installers

単語の意味

purchase [pə́:rtʃəs]················購入、購入品
condominium [kà:ndəmíniəm]··············コンドミニアム、分譲マンション
arrange [əréɪndʒ]······················〜を手配する、取り計らう
due [d(j)ú:]······················支払期日が来て、期限が来て
contract [ká:ntrækt]··············契約、契約書
complete [kəmplí:t]···············完成した、完了した

解説

名詞の問題です。

空欄直後にセミコロンが使われています。セミコロンは、関連性のある2つの独立した節をつなぐために使われます。

したがって、The purchase of the condominium can be arranged in two ( ) 部分は節 [S (主語) + V (動詞)] になるはずです。空欄直前の two は形容詞として使われているので、形容詞が修飾する名詞が正解となります。

選択肢の中で名詞は (A) の installments と (D) の installers です。(A) の installment は「(分割払いの) 1回分」という意味で、(D) の installers は「(機器、システム、またはソフトウェアを) 設置 [設置] する人、組み立てる人」という意味です。

どちらが正解かは英文の意味を考えます。この英文では、セミコロン前で「コンドミニアムの購入は2回の〜で手配される」と、セミコロン後で「最初は契約書に署名した時が支払期日で、2回目は建設が完成した時が支払期日だ」と言っているので「〜」部分に入るのは (A) の installments だと分かります。

訳

コンドミニアムの購入は2回の分割払いで行うことができ、最初の支払期限は契約締結時、2回目の支払期限は建設完成時です。

installment は「(分割払いの) 1回分」という意味の名詞です。

できたら…○
できなかったら…×

次の選択肢の中から正しいものを選びなさい。

This program is the solely owned property of ABS Broadcasting, Inc., and cannot be recorded ( ) written consent.

(A) for

(B) over

(C) about

(D) without

単 語 の 意 味

solely [sóulli]·····················〜だけで、ただ、単に
own [óun]·····························〜を所有する
property [prá:pərti]···············所有物、資産
consent [kənsént]·················同意、承諾

解 説

前置詞の問題です。

選択肢には前置詞が並んでいるので、どの前置詞を入れれば英文の意味が通るか考えます。

「この番組は ABS ブロードキャスティング社の単独所有物であり、書面による同意〜録画することはできない」という意味の英文で、「〜」部分にどの前置詞を入れれば英文の意味が通るかを考えます。

(D) の without「〜なしで、〜がなければ」であれば、without written consent「書面による同意なしで」となり、意味がつながります。

without を使った表現では他にも、without permission「許可なく」、without consideration「熟慮なしで」、without doubt「疑いなく」などの表現で without を入れる問題が出題されています。一緒に覚えましょう。

訳

この番組は ABS ブロードキャスティング社の単独所有物であり、書面による同意なしに録画することはできません。

TOEIC テストの筋トレ130

without written consent「書面による同意なく」という表現は、似た内容の without written permission「書面による許可なく」とともにビジネス関連の英文でよく使われます。

第131問

次の選択肢の中から正しいものを選びなさい。

Employees (　　) wish to participate in the four-day work week trial must first receive approval from their supervisor.

- (A) some
- (B) whoever
- (C) those
- (D) who

単語の意味

employee [ɪmplɔ́ɪiː] ················· 社員、従業員
wish to ～ ································· ～したいと願う
participate in ～ ···················· ～に参加する
approval [əprúːvl] ···················· 承認、同意
supervisor [súːpərvàɪzər] ········· 上司、管理者、監督者

答え　(D) who

難易度… ★ ★ ★

解説

関係代名詞の問題です。

選択肢には代名詞と関係代名詞が並んでいます。

空欄前が Employees で空欄後が動詞の wish なので、代名詞の some や those は入りません。したがって、関係代名詞の問題ではないかと考えます。

関係代名詞の問題だとすれば、空欄に入る関係代名詞の先行詞は、空欄前の Employees「社員、従業員」となり、先行詞は人です。

また先行詞が、空欄後の wish to ～に続く文の中で主語の働きをしていることが分かるので、人が先行詞の場合の主格の関係代名詞である (D) の who を入れれば正しい英文になります。

この英文全体の主語は Employees で、動詞部分は must receive で、目的語が approval です。関係代名詞の who から trial までが修飾語として Employees の説明をしています。

訳

週4日トライアル勤務への参加を希望する社員は、まず上司の承認を受ける必要があります。

TOEIC テストの筋トレ 131

先行詞が人で、その先行詞が続く文の中で主語の働きをする場合には関係代名詞の who を使います。

第132問

できたら…○
できなかったら…×

次の選択肢の中から正しいものを選びなさい。

Although sales of electric vehicles have surged in many parts of the world, marketing efforts in the US have been less (　　).

(A) succeed

(B) successful

(C) success

(D) successfully

単語の意味

although [ɔːlðóu]····················～であるけれども、～にもかかわらず
electric vehicle····················電気自動車
surge [sə́ːrdʒ]····························急上昇する、急騰する
effort [éfərt]····························努力

解 説

形容詞の問題です。

選択肢に似た形の単語が並んでいるので、品詞問題かもしれないと考えます。品詞問題の場合、空欄前後が重要になります。

この英文の主節の主語は marketing efforts in the US で、動詞が have been 部分です。

be 動詞の後ろに来るのは名詞か形容詞です。 ここでは marketing efforts の状態を表しているので形容詞が入ると分かります。したがって、形容詞の(B)**successful** が正解です。

空欄前に比較級の less が置かれています。力不足の人の中には空欄直前に置かれた less に惑わされる人がいるので、意図的にこの場所に less が置かれていると思ってください。

less は little の比較級です。little には形容詞、副詞、両方の用法があります。この英文では、空欄に入る形容詞 successful を修飾する副詞として less が使われています。

be 動詞の後ろに続く形容詞を問う問題は頻出です。簡単な問題ですが、力のない人は問題のポイントを見誤ります。

訳

電気自動車の販売は世界の多くの地域で急増していますが、米国でのマーケティング努力はあまり成功していません。

**TOEIC テストの
筋トレ 132**

be 動詞と形容詞の間に比較級の less を置いて惑わせようとしています。
be 動詞に続くのは名詞か形容詞です。

第133問

次の選択肢の中から正しいものを選びなさい。

( ) the support of the entire staff and the board of directors, Tony Stein will become the new CEO of Dawn Pharmaceuticals.

- (A) Because
- (B) Since
- (C) Despite
- (D) With

単 語 の 意 味

support [səpɔ́:rt]······················支持、支え
entire [ɪntáɪər]··························全体の、全部の
board of directors···············取締役会

解説

前置詞の問題です。

選択肢には接続詞と前置詞が並んでいます。

(A)Because は接続詞で「〜なので」の意味、(B)の Since は接続詞としても前置詞としても使え、「〜（して）以来」の意味、(C)Despite は前置詞で「〜にもかかわらず」の意味になります。(D)With は前置詞で「〜を伴って」の意味になります。

この英文では、コンマ以降の Tony Stein will become the new CEO of Dawn Pharmaceuticals 部分が完全文なので、( ) the support of the entire staff and the board of directors 部分は 〈( )＋名詞句〉、つまり修飾語だと考えられます。

名詞や名詞句の前に置けるのは前置詞です。
(A)Because は接続詞なので不正解です。残りの3つのどれが正解かは英文の意味を考えなければなりません。(D)の With であれば「スタッフ全員と取締役会のサポートを伴って」となり、この部分を意訳すれば「スタッフ全員と取締役会のサポートがあったので」と文意が通ります。

(B)Since「〜（して）以来」や(C)Despite「〜にもかかわらず」では文意が通りません。

訳

スタッフ全員と取締役会のサポートがあったので、トニー・スタインはドーン・ファーマシューティカルズの新 CEO に就任します。

**TOEIC テストの
筋トレ 133**

前置詞の後ろには名詞か名詞句がきます。一方、接続詞の後ろには節〈S＋V〉がきます。
また、since のように前置詞と接続詞の両方の働きがある単語もあるので注意しましょう。

次の選択肢の中から正しいものを選びなさい。

The logistics company we (　) for office supplies is no longer making deliveries to this part of the city.

(A) were used

(B) to use

(C) were using

(D) using

単 語 の 意 味

logistics company ……………物流会社
office supplies …………………事務用品
no longer 〜 ………………………もはや〜しない、もはや〜でない
make deliveries …………………配送する、配達する

解説

動詞の形を問う問題です。

選択肢には動詞のさまざまな形が並んでいるので、動詞の形を問う問題ではと考えます。

この英文全体の主語は The logistics company で、動詞は is です。we (　) for office supplies 部分は修飾語で、修飾語部分に空欄があります。

この問題では、The logistics company と we の間に**関係代名詞の目的格である which/that が省略されている**という点に気が付かなければ正解を選べません。

The logistics company という名詞の後ろに関係代名詞の目的格の which/that の省略があり、さらにその後ろに S+V（空欄部分）が続いていると推測されます。この V（動詞部分）の形を問う問題です。

この部分の意味は「（われわれが事務用品のために）使っている会社は」とか「（われわれが事務用品のために）使っていた会社は」のように能動態になるはずです。

選択肢の中で、能動態になるのは(C)の were using しかありません。したがって、(C)の **were using** が正解です。

訳

われわれが事務用品に使っていた物流会社は、この街への配送をしなくなりました。

TOEIC テストの筋トレ 134

名詞の後ろに S+V が続いている場合は、名詞の後ろに関係代名詞の目的格である which や that が省略されている場合が多いです。

第135問

次の選択肢の中から正しいものを選びなさい。

Each McVie Parking garage is equipped with multiple surveillance cameras to ensure the utmost (   ).

(A) safe

(B) safety

(C) safer

(D) safely

単語の意味

be equipped with ～……………～を備えている
multiple [mʌ́ltəpl]………………… 複数の、多数の
surveillance camera………… 監視カメラ
ensure [inʃúər]…………………………～を確保する、確実にする
utmost [ʌ́tmòust]………………………… 最大限の、最高の

解説

名詞の問題です。

選択肢の形が似ているので、品詞問題かもしれないと考えましょう。品詞問題の場合、空欄前後が重要になります。

空欄前は冠詞 the の後ろに形容詞 utmost が続いています。**形容詞が修飾するのは名詞です。**選択肢の中で名詞は(B)の safety「安全、安全性」だけです。

(A)の safe には形容詞「安全な」以外に名詞としての用法がありますが、名詞として使う場合には「金庫、(食料品を貯蔵するための)戸棚」という意味になります。

空欄前の utmost はここでは形容詞として使われていますが、utmost には名詞「最大限」もあり、共に語彙問題としても出題されています。

(C)の safer は safe の比較級、(D)の safely は副詞です。

訳

マクヴィー・パーキングの各ガレージには、最大限の安全性を確保するために複数の監視カメラが装備されています。

形容詞が修飾するのは名詞です。

第136問

次の選択肢の中から正しいものを選びなさい。

The board of directors is not convinced (　) it is the right time to enter into the European beverage market.

(A) when

(B) that

(C) of

(D) around

単 語 の 意 味

the board of directors········· 取締役会
convince [kənvíns]················· 〜を確信 [納得] させる
beverage [bévərɪdʒ]················ 飲料

解説

接続詞の問題です。

convince は［convince ＋ A（人）＋ that 節］「A（人）に〜ということを確信［納得］させる」か［convince A（人）of B］「A（人）に B を確信［納得］させる」の形で使います。

この英文では［convince ＋ A（人）＋ that 節］を、A（人）を主語にして受身形で使われています。さらに動詞部分に否定の not が使われているので「A（人）は〜ということを確信［納得］していない」という意味になります。

したがって接続詞である(B)の that が正解だと分かります。(C)の of を選んだ人がいるかと思いますが、前置詞の of であれば空欄後が名詞か名詞句になります。この英文では空欄後は節［S（主語）＋ V（動詞）］になっています。

訳

取締役会は、欧州の飲料市場に参入する適切な時期だとは確信していない。

TOEIC テストの筋トレ 136

［convince ＋ A（人）＋ that 節］「A（人）に〜ということを確信［納得］させる」という意味になります。

第137問

次の選択肢の中から正しいものを選びなさい。

The purpose of this email is to provide you with a link to (   ) your membership to Aston Arts Center with a single click.

(A) remove

(B) resemble

(C) renew

(D) pursue

単 語 の 意 味

purpose [pə́ːrpəs]······················目的、意図
provide A with B·····················A に B を提供する
single [síŋgl]····························たった一つの、たった一人の

解説

適切な意味の動詞を選ぶ問題です。

選択肢にはさまざまな動詞が並んでいるので、適切な意味の動詞を選ぶ問題だと分かります。適切な意味の動詞を選ぶ問題は語彙問題と同じで、英文を読んで全体の意味を考えなければなりません。

「このEメールの目的は、ワンクリックでアストン・アートセンターのメンバーシップを〜ためのリンクを提供することだ」という英文で、「〜」部分にどの動詞を入れれば文意が通るかを考えます。

(C)の renew「〜を更新する、継続する」を入れれば、「メンバーシップを更新するためのリンクを提供することだ」となり、文意が通ります。

パート7では renew subscription「定期購読を更新する」という表現がよく使われます。名詞 renewal「更新」や形容詞 renewed「更新された」も一緒に覚えましょう。

(A)remove「〜を取り除く、取り去る」、(B)resemble「〜に似ている」、(D)pursue「〜を追求する、続行する」では文意が通りません。

訳

このEメールの目的は、ワンクリックでアストン・アートセンターのメンバーシップを更新するためのリンクを提供することです。

**TOEIC テストの
筋トレ 137**

renew は「〜を更新する、継続する」という意味の動詞です。

第138問

次の選択肢の中から正しいものを選びなさい。

Recently, many consumers prefer picking up online purchases from convenience stores (　　) receiving them at home.

(A) in spite of

(B) rather than

(C) owing to

(D) now that

単語の意味

recently [rí:sntli]····················· 最近、近頃
consumer [kəns(j)ú:mər]········· 顧客、取引先
pick up 〜······························〜を受け取る、引き取る
purchase [pə́:rtʃəs]················· 購入品、購入

解 説

イディオムの問題です。

　選択肢にはさまざまな群前置詞やイディオムが並んでいます。このような問題では語彙問題と同様に、英文全体の意味を考えなければなりません。

　「最近は、多くの消費者がインターネットで購入した商品を自宅で受け取る～コンビニエンスストアで受け取ることを好んでいます」という英文で、「～」部分に何を入れればいいのかを考えます。

　(B)の rather than ～「～よりむしろ」であれば「自宅で受け取るよりむしろコンビニエンスストアで受け取ることを好む」となり、文意が通ります。「A rather than B」は「B よりはむしろ A」という意味のイディオムです。
　「rather than」は頻繁に使う表現なので、時々出題されます。rather than を文頭に置く形で出題されることもあります。

　would rather not *do* ～「～しない方がいいと思う、～したくない」という表現も出題されています。一緒に覚えましょう。

　(A)in spite of「～にかかわらず」、(C)owing to「～のせいで」、(D)now that「今や～なので」では文意が通りません。

訳

最近では、多くの消費者はインターネットで購入した商品を自宅で受け取るよりも、コンビニエンスストアで受け取ることを好んでいます。

TOEIC テストの筋トレ 138　　「A rather than B」は「B よりはむしろ A」という意味のイディオムです。

第139問

次の選択肢の中から正しいものを選びなさい。

Board members voted unanimously (　　) Mr. Whitman, which surprised many people because he is the youngest executive in the company's history.

(A) to

(B) for

(C) with

(D) of

単語の意味

board [bɔ́:rd]······················取締役会、理事会
vote [vóut]···························投票する
unanimously [ju(:)nǽnəməsli] 満場一致で、全会一致で
surprise [sərpráiz]·················〜を驚かす
executive [ɪgzékjətɪv]············経営幹部、管理職

解説

前置詞の問題です。

選択肢にはさまざまな前置詞が並んでいるので、前置詞の問題だと分かります。

前置詞の問題の場合、少し長めに英文を読まなければならない場合もありますが、この問題は空欄前後をチェックするだけで解けます。

Board members voted unanimously ( ) Mr. Whitman 部分をチェックします。

空欄の少し前に vote「投票する、投票で決める」という意味の動詞があり、この動詞が大きなヒントになります。また、空欄直前に置かれた unanimously「満場一致で、全会一致で」もヒントになります。unanimously とあるので「満場一致で賛成する」という意味になるのではないかと推測できます。

前置詞の for にはさまざまな意味がありますが、その一つに「～に賛成で」という意味があり、vote for ～で「～に賛成の投票をする」という意味になります。したがって、(B)の for が正解です。

逆に「～に反対の投票をする」という場合には、vote against ～といいます。vote against ～を問う問題も出題されています。

訳

取締役会メンバーは満場一致でホイットマン氏に投票し、彼は会社の歴史の中で最年少の幹部であるため、そのことは多くの人々を驚かせました。

TOEIC テストの筋トレ 139　　vote for ～で「～に賛成の投票をする」という意味になります。

できたら…○
できなかったら…×

次の選択肢の中から正しいものを選びなさい。

Although the Redman Bank is located in the Bahamas, a majority of the (　　) holders live overseas.

(A) accountable

(B) accounting

(C) account

(D) accountability

単 語 の 意 味

be located ···························· (〜に) 位置する
a majority of 〜 ···················· 大多数の、大部分の
holder [hóuldər] ······················ 所有者
overseas [òuvərsíːz] ··············· 海外へ [に、で]

解 説

複合名詞の問題です。

　選択肢の形が似ているので、品詞問題かもしれない、と考えましょう。品詞問題では空欄前後が重要になります。

　「レッドマン銀行はバハマに位置しているが、多くの（　）保有者が海外に住んでいる」という意味の英文で、空欄に入れて文意が通るのは何かを考えます。
　空欄に入るのは銀行の顧客が保有する何かを表すものでなければなりません。選択肢の中で、銀行の顧客が持つことができるものは(C)account「口座」だけです。

　account は名詞ですが、形容詞的に holders を修飾し、account holders〈名詞＋名詞〉で一つの名詞になっている複合名詞となります。

　(A)accountable「責任がある」という意味の形容詞、(B)accounting「会計」という意味の名詞、(D)accountability「説明責任」という意味の名詞ですが、いずれも文意が通りません。

訳

レッドマン銀行はバハマに位置していますが、多くの口座保有者が海外に住んでいます。

**TOEIC テストの
筋トレ 140**

2つ以上の名詞が組み合わさって一つの名詞になっているものを複合名詞といいます。
TOEIC テストでは〈名詞＋名詞〉と2語で一つの名詞になっている問題として出題される場合が大半です。

第141問

次の選択肢の中から正しいものを選びなさい。

Mr. Chen, who has been in charge of new hire training for the past two years, (   ) to the recruitment department at the start of the next fiscal year.

(A) was returned

(B) return

(C) will be returning

(D) has returned

単 語 の 意 味

be in charge of ～……………～を担当している
new hire……………………………新入社員
recruitment [rikrú:tmənt]………採用
fiscal year………………………会計年度

解説

時制の問題です。

選択肢にはさまざまな時制の動詞が並んでいるので、時制の問題だと分かります。

後半の at the start of the next fiscal year「来期会計年度の始めに」がヒントになります。

ここから、空欄には未来時制が使われるはずだと分かります。未来時制は (C) の will be returning だけです。will be returning は未来進行形です。

未来進行形は〈will be ～ing〉の形で表し、未来のある時点で行われている最中の動作や、未来のある時点に行う予定になっている動作を表すときに使います。この問題は後者の方です。

訳

過去2年間新入社員研修を担当してきたチェン氏は、来年度の初めに採用部門に戻ります。

TOEIC テストの筋トレ 141　　未来進行形は、未来のある時点で行われている最中の動作や、未来のある時点に行う予定になっている動作を表すときに使います。

次の選択肢の中から正しいものを選びなさい。

The Platinum Insurance package offers you comprehensive protection (　　) you travel.

- (A) around
- (B) everywhere
- (C) across
- (D) sometimes

単 語 の 意 味

offer [ɔ́:fər]···················· 〜を提供する
comprehensive [kà:mprihénsiv]·········· 包括的な
protection [prətékʃən]············· 補償、保護

解 説

接続詞の問題です。

選択肢(A)around は前置詞で、(D)sometimes は副詞です。
また、(C)の across には前置詞以外に副詞としての用法もあり、(B)の everywhere には副詞以外に接続詞的な用法もあります。

この英文では文頭から空欄までの The Platinum Insurance package offers you comprehensive protection「プラチナ保険セットは包括的な補償を提供する」までが節(S + V を含む一つのかたまり)になっており、空欄後も you travel と節になっています。ですので、空欄には節と節をつなぐ接続詞を入れなければなりません。

選択肢の中で接続詞的な用法があるのは、(B)の everywhere だけです。
everywhere は、「どこでも、至る所に」という意味の副詞が有名ですが、接続詞的に使う場合は「どこに〜しても」という意味になります。
接続詞的な everywhere の用法を知らない人も少なくありませんが、実際に出題されています。

訳

お客様がどこにご旅行に行かれても、プラチナ保険セットは包括的な補償を提供いたします。

**TOEIC テストの
筋トレ 142**

everywhere には副詞「どこでも、至る所に」としての用法だけでなく、接続詞的な用法もあり「どこに〜しても」という意味になります。

次の選択肢の中から正しいものを選びなさい。

Winston's newest watch is perfectly (　　) for sports and all outdoor activities regardless of the weather.

(A)　suits

(B)　suited

(C)　suiting

(D)　suit

単 語 の 意 味

perfectly [pə́ːrfiktli] ……………… 完全に、完ぺきに
regardless of ～ ………………… ～にかかわらず

解説

態を問う問題です。

選択肢には動詞 suit「～を適合させる、合わせる」のさまざまな形が並んでいます。

空欄以降は〈前置詞＋名詞〉なので、修飾語だと分かります。したがって、チェックしなければならないのは Winston's newest watch is perfectly ( ) の部分です。この部分の主語は Winston's newest watch で、動詞部分が is ( ) なっています。空欄直前の perfectly は、動詞部分を修飾する副詞です。

空欄前に be 動詞 is が置かれているので、この部分が能動態なのか受動態なのかは、主語と動詞の意味的な関係を考えなければなりません。

主語が「ウィンストンの最新時計」なので、「ウィンストンの最新時計は、スポーツや全てのアウトドア活動に完全に適している」とすればいいと分かります。したがって、受動態にしなければなりません。

受動態にするには、(B) の suited を入れて is suited とすれば正しい英文になります。be suited for で、「～に適している、ふさわしい」という意味になります。

この問題を難しくしているのは、空欄前に副詞の perfectly が置かれている点です。最近のテストでは、問題のポイントを難しく見せるために意図的にこのような単語が置かれることがあります。

訳

ウィンストンの最新時計は、天候に関係なく、スポーツや全てのアウトドア活動に最適です。

TOEIC テストの筋トレ 143

「態を問う問題」は頻出問題です。能動態、受動態どちらも出題されますが、受動態の出題の方が多いです。

第144問

できたら…○
できなかったら…×

次の選択肢の中から正しいものを選びなさい。

The plant manager explained that the more (　　)
the machine operator, the quicker it is to reach
production targets.

- (A) knowledge
- (B) knowingly
- (C) to know
- (D) knowledgeable

単 語 の 意 味

explain [ɪkspléɪn]······················～を説明する
machine operator···············機械工
production target···············生産目標

答え (D) knowledgeable　　　　　難易度… ★★★★★

解 説

比較級の問題です。

that 節の最初に the more があり、コンマの後ろに the quicker があることから、〈the＋比較級 〜, the＋比較級 …〉の構文であることに気づかなくてはなりません。

the more 構文は、「〜すればするほどより…だ」という意味になります。The faster the car goes, the more exciting the ride becomes. のように、「the＋比較級＋主語＋動詞」の節を2つつなげて使います。

the more に続くのは形容詞か副詞なので、副詞(B) knowingly か形容詞(D) knowledgeable のどちらかが正解だと分かります。比例する2文のもとの形を考えると、以下のようになります。

* The machine operator (is) more ( ).
* It is quicker to reach production targets.

上の文の空欄に何が入るかを考えれば、be 動詞 is の補語である形容詞の(D) knowledgeable です。

なお、( ) で補った is は、〈the＋比較級 〜, the＋比較級 …〉の構文では、頻繁に省略されます。実際にテストで出題された際も is は省略されていました。上記2文を 〈the＋比較級 〜, the＋比較級 …〉の構文に当てはめると、The more knowledgeable the machine operator (is), the quicker it is to reach production targets. となります。

訳

その工場長は、機械工の知識が豊富であればあるほど、生産目標を達成するのが早いと説明しました。

TOEIC テストの筋トレ 144　　〈the＋比較級 〜, the＋比較級 …〉で「〜すればするほどより…だ」の意味になります。

第145問

次の選択肢の中から正しいものを選びなさい。

As property (　) continue to reach record highs, the federal bank is preparing to raise interest rates to cool the market.

- (A) sites
- (B) adjustments
- (C) values
- (D) expansion

単語の意味

property [prɑ́:pərti]···············所有地、資産
continue to ～·······················～し続ける
record high·····························記録的な高さ
prepare to ～··························～する準備をする
raise [réɪz]······························～を引き上げる
interest rate···························金利

解説

複合名詞の問題です。

語彙問題は英文を読み、全体の意味を考えなければなりません。

「不動産〜が過去最高を更新し続けるので、連邦銀行は市場を冷やすために金利を引き上げる準備をしている」という英文で、「〜」部分に何を入れればいいのかを考えます。

(C)の values「価値、価格」であれば「不動産価値が過去最高を更新し続けるので」となり、文意が通ります。

property values は property も value も名詞で、名詞を2つ重ねて一つの名詞（複合名詞）になっています。〈名詞＋名詞〉が組み合わされた複合名詞の問題では、片方の名詞部分が空欄となっていてそこに適切な単語を入れさせる語彙問題か、または空欄後に名詞があり、その前の空欄部分に名詞を入れさせる品詞問題として出題されます。

(A)は site「場所、敷地」の複数形、(B)は adjustment「適応、適合」の複数形、(D)expansion は「拡張、拡大」ですが、これらで文意が通りません。

訳

不動産価値が過去最高を更新し続けるので、連邦銀行は市場を冷やすために金利を引き上げる準備をしています。

**TOEIC テストの
筋トレ 145**   property value は「不動産価値」という意味の複合名詞です。

第146問

次の選択肢の中から正しいものを選びなさい。

The (　) product should be kept in a dry location and stored in temperatures between 5℃ and 30℃.

- (A) admitted
- (B) routine
- (C) potential
- (D) enclosed

単 語 の 意 味

product [prá:dəkt]······················製品、生産品
store [stɔ́:r]·······························〜を保管する、格納する
temperature [témpərtʃər]········温度

解説

語彙問題です。

選択肢にはさまざまな形容詞ならびに形容詞化した過去分詞が並んでいます。語彙問題は英文を読み、全体の意味を考えなければなりません。

「～製品は、乾燥した場所で管理され5度から30度の温度で保存されなければならない」という英文で、「～」部分に何を入れればいいのかを考えます。

(D)の enclosed「同封された」であれば「同封された製品」となり、文意が通ります。

enclosed は enclosed letter [contract, material]「同封の手紙[契約書、資料]」のようにビジネス文書で頻繁に使われます。パート5以外でも頻繁に使われます。動詞 enclose「～を同封する、囲む」も覚えておきましょう。

(A)admitted は「認められた」、(B)routine「お決まりの」、(C)potential「起こり得る、潜在的な」では文意が通りません。

訳

同封された製品は、乾燥した場所で管理され5度から30度の温度で保存されなければなりません。

**TOEIC テストの
筋トレ 146**

enclosed は「同封された」という意味の形容詞で、ビジネス必須単語です。

第147問

次の選択肢の中から正しいものを選びなさい。

Zigwell Industries will start a new production line in order to meet the challenges as the market ( ) increases.

(A) grant
(B) expansion
(C) upgrade
(D) demand

単語の意味

production line……………………… 生産ライン
in order to ～……………………… ～するために
challenge [tʃǽlɪndʒ]……………… 難題、課題

解説

語彙問題です。

選択肢には名詞が並んでいます。語彙問題は英文を読み、全体の意味を考えなければなりませんが、この問題では空欄前後の as the market (　) increases 部分をチェックするだけでも正解は分かります。

the market に続けて使えるのは(B)の expansion「拡大」と(D)の demand「需要」だけです。expansion の場合は空欄後の increases という動詞とつなげて使うことはできませんが、demand であれば as the market demand increases 部分は「市場の需要が増加するにつれて」となり、文意が通ります。したがって、(D)の demand が正解です。

空欄の少し前に使われている接続詞 as の「〜につれて」という意味を知らなければ英文全体の意味がとれません。as は前置詞、副詞、接続詞の用法があり、接続詞として使われる際も「〜のときに、〜なので、〜のように」などさまざまな意味があります。

demand はビジネス必須単語です。また、demand には「要求」という意味もあります。「〜を要求する」という動詞としての用法もあります。

訳

ジグウェル・インダストリーズ社は、市場の需要が増加するにつれて難題に対応するため、新たな生産ラインを立ち上げます。

TOEIC テストの筋トレ 147

demand には「需要」以外に「要求」という意味があり、ビジネス必須単語です。

次の選択肢の中から正しいものを選びなさい。

If a customer arrives without their member's ID, a temporary pass can be (   ) at the security desk for a one-time use.

(A) obtained

(B) removed

(C) proceeded

(D) released

単語の意味

customer [kʌ́stəmər]··············顧客、取引先
temporary [témpərèri]···········仮の、一時の

解説

適切な意味の動詞を選ぶ問題です。

空欄部分は can be (　) と受動態になっています。受動態なので選択肢には過去分詞が並んでいます。したがって、どの動詞の受動態にすれば文意が通るかを考えると正解が分かります。

「会員 ID を持たずに来店した場合、セキュリティー・デスクで 1 回限りの臨時パスが〜」という英文の「〜」部分にあたるのが、can be (　) です。

obtain「〜を取得する、入手する」の過去分詞である(A)の obtained であれば文意が通ります。can be obtained と動詞部分が受動態になっています。

obtain は頻繁に使われる動詞ですが、同じ意味の get や acquire は知っていても obtain を知らない人がいます。

(B)は remove「〜を取り去る」の過去分詞、(C)は proceed「進行する」の過去分詞、(D)は release「〜を公表する」の過去分詞ですが、これらでは文意が通りません。

訳

会員 ID を持たずに来店した場合、セキュリティー・デスクで I 回限りの臨時パスを発行することができます。

TOEIC テストの筋トレ 148

英文が受動態になっているので be 動詞の後ろには過去分詞が続きます。
obtained は obtain「〜を取得する、入手する」の過去分詞です。

次の選択肢の中から正しいものを選びなさい。

The manufacturer's manual indicates that equipment will perform better by ( ) inspecting machines.

(A) industriously

(B) formerly

(C) specifically

(D) routinely

単語の意味

manufacturer [mæ̀njəfǽktʃərər]············· メーカー、製造業者
indicate [índəkèɪt]····················· ～を表示する、指し示す、示唆する
equipment [ɪkwípmənt]··········· 機器、機材
perform [pərfɔ́ːrm]····················· 機能する
inspect [ɪnspékt]······················· ～を点検する、検査する

解説

適切な意味の副詞を選ぶ問題です。

　選択肢にはさまざまな副詞が並んでいるので、適切な意味の副詞を選ぶ問題だと分かります。英文の意味を考えて文意に合う副詞を選ばなければならないので、語彙問題に似ています。

　「メーカーのマニュアルには、～機械を点検することによって機器の性能が向上すると表示している」という英文で、「～」部分に入れて文意が通る副詞は何かを考えます。

　(D)の routinely **「定期的に」**であれば、文意が通ります。

　routinely には他にも「いつも決まって」という意味もあり、頻繁に使われます。routinely はどちらかというと、「日常的に」や「日課となって」というようなニュアンスで使われることが多いです。

　(A)industriously「精を出して、勤勉に」、(B)formerly「以前は、かつては」、(C)specifically「特に、明確に」では文意が通りません。

訳

メーカーのマニュアルには、定期的に機械を点検することによって機器の性能が向上すると表示しています。

**TOEIC テストの
筋トレ 149**　　　　routinely「定期的に、いつも決まって」という意味の副詞です。

できたら…○
できなかったら…×

次の選択肢の中から正しいものを選びなさい。

When working in the main dining room, be sure that the buffet is (   ) of a nice assortment of breads.

(A) fully

(B) full

(C) fulled

(D) fulling

単語の意味

sure [ʃúər]······························(be sure (that) 節で) 必ず〜する
assortment [əsɔ́ːrtmənt]·········種類、品揃え

解説

形容詞の問題です。

選択肢に似た形の単語が並んでいるので、品詞問題かもしれないと考えます。品詞問題の場合、空欄前後が重要になります。

この英文では、空欄後が of a nice assortment of breads と〈前置詞＋名詞句〉になっています。〈前置詞＋名詞句〉は修飾語なので、この部分をカッコでくくると、問題のポイントが分かりやすくなります。

接続詞 that 以降が the buffet is (　) となっているので、空欄には be 動詞に続く名詞か形容詞が入ると分かります。この部分の意味を考えると「ビュッフェはいっぱいである」となるはずなので、形容詞である (B) の full「いっぱいの、満ちた」が正解だと分かります。**主語の状態を表す場合には形容詞を使います。**

full には「十分、完全」という名詞としての用法もありますが、通例 the をともないます。ちなみに full には副詞、動詞の用法もあります。

訳

メインダイニングルームで作業するときは、ビュッフェが必ず素敵なパンの品揃えでいっぱいであるようにしてください。

TOEIC テストの筋トレ 150　be 動詞の後ろには名詞か形容詞が続きます。主語の状態を表す場合には形容詞を使います。

第151問

次の選択肢の中から正しいものを選びなさい。

Beefy Burgers operates several food trucks and has just opened (　　) first restaurant in the Mayville Mall.

(A) them

(B) all

(C) its

(D) whose

単語の意味

operate [ɑ́:pərèɪt]······················〜を運営する、経営する
food truck·····························フードトラック

解説

代名詞の問題です。

選択肢にはさまざまな形の代名詞と関係代名詞が並んでいます。

英文の意味を考えると、空欄に入る代名詞は名詞 Beefy Burgers に関連しているものだと分かります。「Beefy Burgers は複数のフードトラックを運営しており、それに加えて first restaurant も開店した」のだろうと推測できます。

会社は単数扱いで、それを指す場合には it を使います。

ここでは Beefy Burgers を指す it の所有格である(C)its「その、それの」を入れれば、Beefy Burgers'「ビーフィ・バーガー〈の〉」first restaurant「最初のレストラン」となり、文意が通ります。

(A)them は複数のものを指す代名詞の目的格です。

(B)all を代名詞として使う場合は「全てのもの」という意味になりますが、その場合後ろに名詞を続けて使うことはできません。all を形容詞として使う場合は、後ろには複数名詞が続くはずです。

(D)whose は関係代名詞の所有格で、先行詞となる名詞が前に来なければなりません。

訳

ビーフィ・バーガーはいくつかのフードトラックを運営しており、メイビル・モールにその最初のレストランを開店しました。

**TOEIC テストの
筋トレ 151**

会社は単数扱いなので会社を指す代名詞は it で、その所有格は its になります。

第152問

次の選択肢の中から正しいものを選びなさい。

Longman Shopping Centers is (　　　) access-friendly designs in all of its malls throughout the region.

(A) incorporate

(B) incorporated

(C) incorporating

(D) incorporation

単語の意味

access-friendly·················· アクセスしやすい
throughout [θruáut]················· ～の至る所に、～じゅうくまなく
region [ríːdʒən]···················· 地域、地方

解 説

現在分詞の問題です。

選択肢には他動詞 incorporate「〜を組み入れる」のさまざまな形が並んでいます。

この英文では、空欄前が is と be 動詞になっています。通常、be 動詞の後ろに続くのは名詞か形容詞（形容詞の働きをする分詞も含む）です。

選択肢に名詞(D)incorporation がありますが、空欄直後に目的語 access-friendly designs が続いているので、空欄には名詞でなく、現在分詞を入れて動詞の進行形を作らなければなりません。

進行形を作るには(C)の現在分詞を入れればいいと分かります。したがって、(C)の **incorporating** が正解です。

あるいは、be 動詞の後ろなので「態を問う問題だろう」と考えます。能動態なのか受動態なのかは、主語と動詞の意味的な関係を考えます。

「〜している、する」と訳せる場合は能動態、「〜された、されている」と訳せる場合は受動態になります。この問題だと、「ロングマンショッピングセンターは〜を組み入れる」となるので能動態だと分かります。

訳

ロングマンショッピングセンターは、地域全体の全てのモールでアクセスしやすいデザインを組み入れています。

**TOEIC テストの
筋トレ 152**

空欄前に be 動詞があり、空欄後に目的語が続いている場合は進行形を作る現在分詞を入れればいいと分かります。

第153問

次の選択肢の中から正しいものを選びなさい。

Enterprise Inc., is a consulting firm that helps global companies adapt (　　) the local business environment.

(A) with
(B) to
(C) at
(D) over

単 語 の 意 味

adapt [ədǽpt]······························適応する、順応する
local business environment············現地のビジネス環境

解 説

前置詞の問題です。

動詞 adapt には自動詞と他動詞の用法があります。

自動詞として使われる場合には「適応する、順応する」となり、他動詞として使われる場合には「～を適合させる、順応させる」となります。

この英文では、空欄直前が動詞の adapt で、空欄後が the local business environment です。adapt が他動詞として使われていれば後ろに直接目的語が続きますが、自動詞として使われていれば the local business environment の前に前置詞が入ります。

the local business environment の前に空欄があるということは、adapt はここでは自動詞として使われていて、「現地のビジネス環境に適応する」という意味になるはずです。この「～に」に当たるのはどの前置詞なのかを考えます。

「～に適応する」という場合には、前置詞の to を使います。したがって、(B) の to が正解です。

訳

エンタープライズ社は、グローバル企業が現地のビジネス環境に適応するのを支援するコンサルティング会社です。

TOEIC テストの筋トレ 153　adapt を自動詞として使う場合、「～に適応する」というときは「～に」にあたる前置詞の to を後ろに続けて使います。

第154問

次の選択肢の中から正しいものを選びなさい。

Harris and Todd Consulting is searching for a senior manager who is capable and (　　).

- (A) significant
- (B) recognized
- (C) feasible
- (D) trustworthy

単 語 の 意 味

search for 〜……………………〜を探す、探し求める
capable [kéɪpəbl]…………………有能な、手腕のある

解 説

語彙問題です。

選択肢にはさまざまな形容詞が並んでいます。語彙問題は英文を読み、全体の意味を考えなければなりません。

「ハリス・アンド・トッド・コンサルティングでは、有能で〜シニア・マネージャーを探している」という英文で、「〜」部分に何を入れればいいのかを考えます。

(D)の trustworthy「**信頼できる、信用できる**」であれば意味がつながります。

trustworthy は少し難しい単語ですが、この単語を知らなくても、trust「信頼、信頼する」、worth「価値」、worthy「価値のある」は知っている人が多いはずです。それらから trustworthy の意味は推測できるのではと思います。

(A)significant「かなりの、重要な」、(B)recognized「一般に認められた」、(C)feasible「実現可能な、実行できる」では文意が通りません。

訳

ハリス・アンド・トッド・コンサルティングでは、有能で信頼できるシニア・マネージャーを探しています。

TOEIC テストの筋トレ 154

trustworthy は「信頼できる、信用できる」という意味の形容詞です。

できたら…○
できなかったら…×

次の選択肢の中から正しいものを選びなさい。

The (　) large number of visitors to the museum caused long delays at the ticket counter.

(A)　nearly

(B)　steadily

(C)　critically

(D)　unexpectedly

単 語 の 意 味

large number of ～……………多数の、大勢の
cause [kɔ́:z]………………………～を引き起こす、～の原因になる
delay [dɪléɪ]………………………遅れ、遅延

解説

適切な意味の副詞を選ぶ問題です。

選択肢にはさまざまな副詞が並んでいるので、適切な意味の副詞を選ぶ問題だと分かります。英文の意味を考えて文意に合う副詞を選ばなければならないので、語彙問題に似ています。

「美術館への〜多い訪問者が、チケット売り場での長時間の遅れを引き起こした」という英文で、「〜」部分に入れて文意が通る副詞は何かを考えます。

(D)unexpectedly「思いの外、意外に」であれば文意が通ります。

expect や expectation という単語は比較的簡単な単語なので、誰もが意味を知っているはずです。ですので、unexpectedly の意味は推測できると思います。

(A)nearly「ほとんど」、(B)steadily「着実に」、(C)critically「批判的に」では文意が通りません。

訳

美術館を訪れる人が予想外に多かったので、チケット売り場では長時間の遅れが生じました。

TOEIC テストの筋トレ 155　　unexpectedly「思いの外、意外に」という意味の副詞です。

第156問

できたら…○
できなかったら…×

次の選択肢の中から正しいものを選びなさい。

The texture of the new plant-based silk is (　　)
realistic that people cannot distinguish it from the
real product.

(A) less

(B) since

(C) so

(D) then

単 語 の 意 味

texture [tékstʃər] ················· 質感、織り方
plant-based ······················· 植物ベースの
realistic [rìːəlístɪk] ················· リアルな、本物らしい
distinguish [dɪstíŋgwɪʃ] ··········· 〜を区別する、見分ける
product [prάːdəkt] ················· 製品、生産品

解説

副詞の問題です。

空欄の少し後ろに接続詞の that があり、この that が大きなヒントになります。

so 〜 that ...「とても〜なので…だ」という表現を問う問題ではないかと推測できます。

この問題では空欄後が realistic と形容詞になっているので、空欄には (C)so が入ると分かります。この so は、realistic という形容詞を修飾する副詞の so です。

ちなみに、空欄後に名詞が続いている場合には、such 〜 that ... と such を使います。

so 〜 that ... という表現を問う問題では、この問題のように so を選ぶ問題、so に続く品詞を選ぶ問題、接続詞の that を選ぶ問題とさまざまですが、問題のポイントは全て同じです。

訳

新しい植物ベースのシルクの質感は非常にリアルなので、人々はそれを実際の製品と区別することができません。

so 〜 that ...は「とても〜なので…だ」という意味の表現で頻繁に使われます。

第**157**問

次の選択肢の中から正しいものを選びなさい。

The excursion was well organized, but there was too (　) time allowed for visiting museums.

(A)　little

(B)　few

(C)　low

(D)　many

単 語 の 意 味

excursion [ɪkskə́:rʒən] ············· エクスカーション、遠足、小旅行
organized [ɔ́:rgənàɪzd] ············· 準備周到な
allow [əláu] ····························· ～を見込んでおく、取っておく
museum [mju(:)zí:əm] ············· 美術館、博物館

解説

語彙問題です。

選択肢には形容詞の用法がある単語が並んでいます。

空欄後の time は**不加算名詞**です。したがって、加算名詞を修飾する形容詞の(B)few と (D)many は使えません。

残った(A)little「小さい、少ない」、「(時間などが) わずかな、(否定的に) ほとんどない」か(C)low「低い、弱い、少ない」のどちらかが正解だと分かります。

low は後ろに time を置いて low time の形で使うことはできません。

little であれば time の前に置いて little time の形で使うことができ、「わずかな時間」という意味になります。したがって、(A)の little が正解です。

訳

エクスカーションはよく準備されていましたが、美術館を見学するにはほんのわずかな時間しかありませんでした。

**TOEIC テストの
筋トレ 157**

time は不加算名詞です。不加算名詞を修飾できる単語とそうでない単語があります。形容詞としての little は不加算名詞の前に置いて使うことができ、little time で「わずかな時間」という意味になります。

第158問

次の選択肢の中から正しいものを選びなさい。

In order to ensure that your warranty remains valid, use the cartridge (　　) Inkman Industries approves.

(A) refills

(B) packages

(C) implementation

(D) copies

単語の意味

in order to 〜	〜するために
ensure [inʃúər]	〜を確かにする、確実にする
warranty [wɔ́:rənti]	保証、保証書
remain [riméin]	依然として〜のままである
valid [vǽlid]	有効な
approve [əprú:v]	〜を承認する

解説

語彙問題です。

選択肢には名詞が並んでいます。語彙問題は英文を読み、全体の意味を考えなければなりません。

空欄と Inkman Industries approves の間には関係代名詞の目的格である which/that が省略されています。意味は「保証が有効であるということを確実にするために、インクマン・インダストリーズが承認したカートリッジ〜を使用してください」になります。

この「〜」部分に何を入れれば文意が通るのかを考えます。

(A)の **refills**「**リフィル、補給、詰め替え品**」を入れれば文意が通ります。リフィルは半ば日本語のように使われています。

refill には動詞としての用法もあり、「〜を補充する、詰め替える」という意味になります。

(B)packages「荷物、包み」、(C)implementation「実施、遂行」、(D)copies「コピー、部、冊」では文意が通りません。

訳

保証を確実に有効なものとするため、インクマン・インダストリーズが承認したカートリッジリフィルを使用してください。

TOEIC テストの筋トレ 158

名詞としての refill は「リフィル、補給、詰め替え品」という意味です。

第159問

次の選択肢の中から正しいものを選びなさい。

( ) the applicants for this year's internship program, nearly half of them come from the community college here in Barton.

(A) Within

(B) Among

(C) Throughout

(D) Since

単語の意味

applicant [ǽplikənt]……………応募者、申込者
nearly [níərli]……………………ほとんど、ほぼ

解説

前置詞の問題です。

選択肢に前置詞が並んでいるので、適切な前置詞を選ぶ問題だと分かります。

前置詞の問題は、空欄前後を少し長めに読み、意味のつながりを考えなければなりません。

この問題の場合、コンマより前の (　) the applicants for this year's internship program「今年のインターンシッププログラムの応募者〜」部分を読むだけで正答できます。

「〜」部分に入れて意味が通るのは、(B) Among「(3人以上の)〜の間に [で]」しかありません。

among は後ろに複数名詞が続きます。 この問題でも空欄後が the applicants と複数名詞になっており、それも大きなヒントになります。

(A) Within「〜以内で、〜の中に」、(C) Throughout「〜の間中」、(D) Since「〜以降」では文意が通りません。

訳

今年のインターンシッププログラムの応募者のうち、ほぼ半数がここバートンのコミュニティカレッジの出身者です。

TOEIC テストの筋トレ 159　　among は「(3人以上の) 〜の間に [で]」という意味の前置詞で、後ろに複数名詞が続きます。

第160問

次の選択肢の中から正しいものを選びなさい。

We've reduced environmental impact and achieved less traffic (   ) launching our public transit incentives for employees.

(A) than

(B) besides

(C) because

(D) since

単 語 の 意 味

reduce [rɪd(j)úːs] ·····················〜を減少させる
evironmental impact··········· 環境影響
achieve [ətʃíːv] ·························〜を達成する、成し遂げる
launch [lɔ́ːntʃ] ···························〜を開始する、始める
public transit························· 公共交通機関
incentive [ɪnséntɪv]················· インセンティブ、（行動を促す）刺激、動機

解説

前置詞の問題です。

空欄後をチェックすると、動名詞 launching 以降は名詞句になっています。したがって、空欄には名詞句の前に置ける前置詞が入ると分かります。前置詞は(B)besides と (D)since です。

文頭から空欄前までで「われわれは環境への影響を減らし、交通量の減少を達成した」と、空欄以降で「従業員向けの公共交通機関のインセンティブを開始すること」と言っています。これらをつないで意味が通るのは何かを考えます。

besides は「〜の他に、〜に加えて」という意味の前置詞です。**since には接続詞と前置詞両方の用法がありますが、前置詞として使う場合は「〜以来」という意味になります**。since であれば文意が通りますが、besides では文意が通りません。

この問題は実際に出題されたひっかけ問題です。空欄の少し前に比較級の less があるので、きちんと読まなければ(A)than を選んでしまうのです。

less は less than 10 people「10 人未満」のように比較の文脈で用いられ、than が続くことが多いです。しかし、この文の less は traffic「交通量」という名詞を修飾しており、比較を示す文脈ではないため、than は不適切です。英文をきちんと読み、文全体の意味を理解することが重要です。この問題では時間的な経過を表す(D)since が正解です。

訳

従業員向けの公共交通機関のインセンティブを開始して以来、環境への影響を削減し、交通量の減少を達成しました。

**TOEIC テストの
筋トレ 160**　　　実際に出題されたひっかけ問題です。TOEIC テストは時間がない中で解かなければなりませんが、きちんと読まなければひっかかります。

オフィスS＆Yの今
──── あとがきにかえて

コロナ禍を機に教室の運営方法を大きく変えました。それまでは、土曜午前／午後、水曜夕方と生授業を行っていたのですが、生授業は土曜午前開催の「土曜午前生クラス」だけにしました。そのほかではオンライン授業を行っていて、土曜午前の生授業と同時進行の「土曜午前オンラインクラス」、土曜午前に行った授業の録画を使った「土曜夜オンラインクラス」、「水曜夜オンラインクラス」と３回に分けて配信しています。意外に人気なのが通常クラスに補講５つを加えた「900点お勧めクラス」です。私自身の年齢や体力的なことも考えると、今のやり方があっているように思います。

20年間TOEIC業界をリードしてきましたが、その分自分の時間がとれなかったので、今後は少し仕事を減らそうかと思っています。そういうこともあり仕事の方向性を少し変えようと考え、今年１月から月に一人限定で、「マンツーマンコンサル付きクラス」を始めました。実験的に始めたのですが、告知と同時に２名から問い合わせがありました。700点以上（R330点以上）の方限定としましたが、２名とも現在850点以上あり「早く900点をとってTOEICを卒業したい」という方です。850点以上を取得しても900点の壁は大きいようです。

感染症リスクが依然としてあるため、生授業の参加者も少し減らして募集をしています。また、本の仕事も無理のない範囲に減らしています。本書『千本ノック！』シリーズは20年近く書き続けてきたため愛着もあり、昔からのファンも少なくないので、書き続けています。本書は単行本での読者以外に、abceedやmikanなどのアプリでの購読者もかなり多いです。アプリでは１題ごとに解答時

間の設定ができたり、間違った問題だけを抽出するなどの便利な機能があるため、紙の本より使いやすい部分もあるのだと思います。

プライベートでは、1年前から実家のある松山に頻繁に行かなければならなくなりました。実家の敷地内に小さな家を建てて、毎月1週間以上滞在しています。もちろん仕事持参です。今は会議なども全てZoomで行えるので、「生授業」を除けば支障はありません。特注で作ってもらったサンルームからは海に沈む太陽が見え、また山から出てくる月も垣間見ることができます。瀬戸内海国立公園の中にあるような場所なので、滞在中は自然を満喫し、凡の面倒をみながら仕事をしています。しばらくは、東京3週間、松山1週間の生活が続きますが、ビジネスパーソンの「駆け込み寺」として、あと少し頑張りたいと思います。

◀ 中村澄子のメールマガジン
「時間のないあなたに！即効 TOEIC®250 点 UP」

中村澄子のフェイスブック ▶

◀ すみれ塾公式ＨＰ

中村澄子のＸアカウント ▶

問題 INDEX

本書の160問を内容別に並べました。学習の復習にご活用ください。

※数字は問題の番号です。ページ数ではありません。

単語 INDEX

「単語の意味」に出てくる重要単語・熟語類をアルファベット順に並べました。
数字はページ数です。学習のまとめ・復習にお使いください。

C

D

E

1日1分！ TOEIC® L＆Rテスト
炎の千本ノック！ 2024-2025年版

令和6年4月10日　初版第1刷発行
令和6年5月15日　　　第2刷発行

著　者	中村澄子
発行者	辻　浩明
発行所	祥伝社

〒101-8701
東京都千代田区神田神保町3-3
☎03(3265)2081(販売部)
☎03(3265)1084(編集部)
☎03(3265)3622(業務部)

印　刷	萩原印刷
製　本	ナショナル製本

ISBN978-4-396-61819-3　C2082　　Printed in Japan
祥伝社のホームページ・www.shodensha.co.jp

©2024, Sumiko Nakamura

造本には十分注意しておりますが、万一、落丁、乱丁などの不良品がありましたら、「業務部」あてにお送り下さい。送料小社負担にてお取り替えいたします。ただし、古書店で購入されたものについてはお取り替えできません。本書の無断複写は著作権法上での例外を除き禁じられています。また、代行業者など購入者以外の第三者による電子データ化及び電子書籍化は、たとえ個人や家庭内での利用でも著作権法違反です。